大学生心理健康

瞿　珍　主　编
瞿　彬　李建华　邵叶波　副主编

華東理工大學出版社
EAST CHINA UNIVERSITY OF SCIENCE AND TECHNOLOGY PRESS
·上海·

图书在版编目(CIP)数据

大学生心理健康 / 瞿珍主编. —上海：华东理工大学出版社，2018.8（2020.11重印）

ISBN 978-7-5628-5521-7

Ⅰ.①大… Ⅱ.①瞿… Ⅲ.①大学生—心理健康—健康教育—高等学校—教材 Ⅳ.①G444

中国版本图书馆CIP数据核字(2018)第151159号

内容提要

根据多年的大学生心理健康教育工作经验，在吸取该领域先进理论成果的基础上，紧密结合大学生学习生活中的心理实际，我们编写了《大学生心理健康》教材。《大学生心理健康》全书内容包括大学生心理健康导论、大学生自我意识与培养、大学生人际交往及恋爱心理、情绪管理与压力应对等，基本涵盖了大学生在校学习、生活期间面临的主要心理问题。各章节中还穿插了大量的案例和拓展知识，旨在辅助解释相关原理和理论，还吸收了近年来国内外相关研究的新进展，紧跟心理科学的发展脚步。

本书针对大学生兴趣面广泛的主要特点，在体系结构上选择和综合了普通心理学、社会心理学、发展心理学、心理健康与辅导等相关内容，充分体现了大学生心理学教学的综合性特点。本教材体系明晰、内容精练、通俗易懂，形式上较一般专业性心理教材更活泼丰富，针对性和可读性也更强，是一本非常适合各高等院校非心理学专业学生的必修教材。

策划编辑 / 张　波
责任编辑 / 张　波　牟小林
装帧设计 / 徐　蓉
出版发行 / 华东理工大学出版社有限公司
地址：上海市梅陇路130号，200237
电话：021-64250306
网址：www.ecustpress.cn
邮箱：zongbianban@ecustpress.cn
印　　刷 / 常熟市新骅印刷有限公司
开　　本 / 710 mm×1000 mm　1/16
印　　张 / 14
字　　数 / 191千字
版　　次 / 2018年8月第1版
印　　次 / 2020年11月第3次
定　　价 / 46.00元

序

呈现在读者面前的这本《大学生心理健康》教材是由瞿珍主编，并协同一些专家参与的，凝聚了作者们多年研究成果与长期的教学实践经验。大学生因校园学习的加压、社会生活节奏的加快、就业竞争的加剧、人际关系的互动增大等环境因素造成困惑与迷茫，那么，他们应该如何应对客观世界带来的心理冲击和行为挑战呢？我们应该如何给大学生提供更好的心理学知识呢？本教材应用心理学的理论，结合学生的心理需求实际，应用案例教学的方式，启发学生如何提升身心发展必备的心理健康素质，具有很强的针对性和指导性。本教材具有“内容紧扣需求、典型案例辅助、调适方法可行”的鲜明特色，形式上较一般专业性心理教材更活泼丰富，针对性和可读性也更强，在写作风格、内容编排等方面独具特色。本教材涵盖了大学生人际交往及恋爱心理、情绪管理与压力应对等内容，基本涵盖了大学生在校学习、生活期间面临的主要心理问题。因此，可以作为高校大学生心理健康教育课程的教材，也可作为关注自身心理健康发展的自学读物。正如作者所说的那样：让学生在轻松的阅读中有所领悟和收获，实现自我启迪。

黄晞建教授

中国心理卫生协会大学生心理咨询专业委员会副主任

上海高校心理咨询协会名誉主任

前　言

从我国高等教育改革和社会发展的趋势来看，21 世纪是尊重知识、注重人才素质全面提升的时期。在这个思想文化激荡、价值观念多元、人才竞争激烈、社会瞬息万变的年代，我们清楚地看到，教育改革和社会发展给大学生带来机遇和挑战的同时，也给他们带来了巨大的心灵冲击，大学生面临的学习、生活和就业压力明显增大，由此导致学生心理问题明显增多，因此心理健康也逐渐被各高校重视。良好的心理素质是人的全面素质中的重要组成部分，是未来人才素质中的一项十分重要的内容，而心理健康是一个人健康的重要组成部分。通过加强大学生心理健康教育，引导大学生掌握心理健康知识，学会调适自我心理的方法，激发自身潜能，从而养成良好的心理素质，提高心理健康水平。

本教材凝聚了多位具有丰富的大学生心理健康教育教学工作经验的教师的心血，是所有参编者集体智慧的结晶。多年来，我们呕心沥血，一直在思索，拟规划、撰写一本适合大学生心理健康教学实践的教材。经过无数个日夜的思考、探讨、争论、整合，终于得以完成这本教材。

与以往的教材不同，本教材突出了培养能力的实际训练，重视知识的全面性，突出知识的趣味性，重视知识的实践性，坚持课内与课外、理论与实践相结合的模式。在本书的编写过程中，我们主要选取了与大学生成长密切相关的一些课题，如适应能力、学习动机、人际交往、情绪管理、生命价值、职业规划等，通过对这些具体问题的讲解和分析，使大学生对自我有更深入的了解。在编写方法上，我们主要采用了案例分析、理论讲解、量表分析、课堂实践和课后练习相结合的方式。每章开始部分增加了“课前导读”，通过剖析这些案例，对知识点进行层层引入，帮助学生们构建心理健康知识的框架，指导他们如何做更好的自己，发现学习在行为改变中起着什么样的重要作用。本教材也包含一些调节情绪的方法，协助大学生们找到适合自己的情绪管理策略。此外，本教材还包括“知识窗”等内容，或要求学生完成一些拓展性项目，引导学生加深对所学知识的理解，或选取了一些充满哲理的文章，让学生在轻松的阅读中有所领悟和收获，实现自我启迪。还附有思考题帮助学生巩固所学知识，提高自身的行为能力。本教材既有利于阅读、掌握理论知识，也有利于课堂实训的组织；既有利于教师教学，也有利于读者更好地了解自己，不断完善自我。

在本教材的编写过程中，尽管我们力图做一些积极的探索，但由于编者水平有限，本书不妥之处在所难免，欢迎读者批评指正。

编　者

2018 年 3 月

目　录

第一章 擦亮心灵的天空

世界上最宽广的是大海，
比大海更宽广的是天空，
比天空更宽广的是人的心灵。

——雨 果

课前导读

亲近心灵

2008年“5·12”汶川地震时，来自高校赫赫有名的心理学者带着自己的学生搬着一大箱子的问卷去做心理调查，以便对症下药做好心理援助，没有高高在上，只有关切的询问，在最艰苦的地方播种着生活的希望。从马来西亚来的陈心洁老师带着自己的学生从帮助当地组织分发物资开始，帮助幸存的老人去寺庙还愿；蹲下来和孩子们一起写下孩子对离去的父母的祝愿，并折成一颗颗星星。在那样一个时刻，好的绘画治疗师不是急于分析儿童画的雨滴，树上的苹果，房顶的形状，人物在哪个位置的含义，而是先问问孩子自己对于画面的理解。心灵是否可以亲近，在面对求助者时自然会表现出来。

亲爱的同学们，欢迎你们走入大学的心理素质修养课堂。如果在这之前你没有接触过心理学，你对心理学的看法可能是这样的：学心理学的人可以看透他人在想什么，很可怕，和他们相处一定要小心；去心理咨询的人都是心理有问题的人，都是精神病，肯定会遭到朋友和同学的排挤……那么心理学到底是怎样的一门学科，通过进行心理健康教育我们到底可以学到什么？可以帮助我们解决什么问题？等我们学完这本教材以后，你们会发现，原来心理学是这么博大精深，又这么贴近我们的生活；原来心理学有这么多科学的研究方法，又这么妙趣横生。

现在，就让我们一起来揭开心理学的神秘面纱，看清心理学的真实面目，运用心理学的教育方法和手段，培养我们良好的心理素质，促进整体素质的提高。

第一节　健康与心理健康的含义

一、现代健康观

什么是健康？长期以来，“没有病痛和不适，就是健康”，“没查出疾病，就是健康”，这种“无病即健康”的传统观念一直为许多人所持有。随着科学技术的不断进步，人类对自身健康与疾病的认识也在不断深入。特别是自20世纪以来，现代科技与社会文化的迅猛发展，使人们面临越来越多的心理应激。与此同时，人类的疾病谱、死亡率发生了重大变化，这种变化促使人类的健康观念产生了革命性的拓展。

（一）二维健康观

1948年世界卫生组织成立时，把健康定义为“一种生理、心理和社会适应都完满的状态，而不仅仅是没有疾病的状态”。这一定义是人们对健康概念的更新和总结，人类的健康不再只是生理（躯体）健康，而且应包括正常的心理状态和社会适应能力。

世界卫生组织在 1978 年国际初级卫生保健大会上，发表了著名的《阿拉木图宣言》，这份宣言对“健康”进行了第一次明确的定义：“健康不仅是没有疾病，而且还是身体的、精神的健康和社会适应良好的总称。”该宣言强调，健康是基本人权，达到尽可能的健康水平是世界范围内一项重要的社会性目标。时隔 11 年后，1989 年世界卫生组织又一次深化了健康的概念，认为健康包括躯体健康（physical health）、心理健康（psychological health）、社会适应良好（good social adaptation ）和道德健康（ethical health）。这种新的健康概念从“单一的生物医学模式”演变为“生物-心理-社会医学模式”，增添了“心理健康”和“社会适应健康”为健康的有机组成部分，它既考虑到人的自然属性，又考虑到人的社会属性，由此被称为“二维健康观”，这充分体现了健康观念的重大进步。

（二）三位一体的健康观

进入 21 世纪，人类的健康问题日益受到广泛关注，呈现“亦喜亦忧”的态势。首先说“喜”从何来。现代医疗科技和临床治疗的进步日新月异，生理疾病的形成机制的研究进展和治疗技术的科学精湛，让我们没有理由不对现代医疗护卫大众健康的现实进步和光明前景充满信任。然后谈“忧”为何故。大量从前偶有耳闻，感觉离我们很远的“心身疾病”以及由此引发的焦虑和担忧日渐紧迫地向我们袭来。于是，一种全新的健康理念，从最初的心理健康先知者的带有“心理呓语”色彩的感悟中逐渐形成，这就是“身-心-灵”。

“身-心-灵”三位一体的健康观认为，在我们的身体、心理之上，还有一个居于主导地位的心灵的存在。心灵是在我们个体生而即有的本能取向的基础上，经由成长中的个体社会化逐渐形成的关于信仰和操守的精神体系。它存在于我们的精神世界，不为外人所知，甚至连我们自己都未必能清晰地觉察到。心灵以某种价值、理念为指导，并奉为自己的行为准则和活动指南，懂得做什么和不做什么的内心主宰。有心灵的人才谈得上人生价值，能够赋予短暂人生以永恒的意义。心灵的有无，在很大限度上决定着一个人的发展的可能性。没有心灵的人，会失去把握自身命运的力量，其发展的可能性会大大降低。有心灵的人，会调动自身的一切力量，集中到预定的目标上，其知识、能力、内心世界都会得到充实和提高，从而推动个人及社会的发展。心灵健康的人会让自己的生活价值定向明确，个人潜力有效开发，乐观积极地面对社会，收放自如，掌控自己。

按照“身-心-灵”三位一体的健康观，一个健康的人的画像是：身体健康——饮食起居舒适自然，主题生活和休闲娱乐相映成趣，生理机能处于常态标准以上，生理免疫功能完好；心理健康——自我概念明朗，心智反应健全，情绪表达流畅，行为活动自控；心灵健康——信仰纯美稳健，操守内方外圆，人与自然一体，从容淡定处世。

到此为止，我们可以清晰地形成一个关于健康的“认知轮廓”——现代健康的含义是多元的、广泛的，包括生理、心理和心灵三个层次。身体健康是物质基础，心理健康是精神表现，心灵健康是根本保障；在心灵健康的统帅作用下，身体健康与心理健康相互作用，良好的心理状态使生理功能处于和谐状态，反之则会降低或破坏某种功能而引发疾病。而身体状况的改变也会引起相应的心理问题和生理上的缺陷、疾病，特别是痼疾，往往引发烦恼、焦躁、忧虑、抑郁等不良情绪，从而导致各种不正常的心理状态。健康的身体让人产生自信、乐观、主动、有担当的良好心理。心灵将身、心两者统一为一体的人，在心灵的主导下，身、心向心灵认同、向往、追求的方向发生演变和整合。人是身体、心理和心灵三者的共同体，这就是“身-心-灵”三位一体的健康观。运用这一思想体系，可以描述、阐释、预测和控制与身体、心理相关的健康现象和问题。这一全新的健康观念已经受到主流心理健康学界的积极认同。

上述对健康的详细解释表明，健康包括生理健康和心理健康两个方面。由于人的生理活动和心理活动是密切相关、相互依存的，因此，人的生理健康与心理健康也是密切相关的，两者是辩证统一的。首先，当生理或心理任一方面产生疾病时，另一方面也会受到影响。人们都有这样的经历：当身体有病时，情绪会低落，烦躁不安，容易发怒；当面临重要考试而紧张焦虑时，则会食而无味，出现失眠、头痛、易疲劳等症状。许多相关研究表明，情绪与身体健康密切相关，不良情绪对身体的影响，从食欲到睡眠，从呼吸到血压，几乎涉及全身各个系统。情绪消极、低落或过于紧张的人，往往容易患各种疾病。现代医学认为，其发病直接与情绪有关的身体疾病有高血压、冠心病、支气管哮喘、溃疡病、过敏性肠炎、糖尿病、自主神经功能紊乱、恶性肿瘤等。这些身体疾病合称为身心疾病。

其次，生理健康是心理健康的基础，而心理健康反过来又能促进生理健康。有许多专家指出，人体内有一种最有助于身心健康的力量，即良好情绪的力量，若能善于调节情绪，经常保持愉快的心情，可以起到未病先防、有病早除的效果。中国有句俗语"笑一笑，十年少"，指的就是这个道理。

健全的心理有助于健康的身体，而健康的身体有赖于健全的心理，两者互为因果，互相影响。

二、心理健康的内涵

什么是心理健康？用什么标准来衡量一个人的心理是否健康？人的心理健康是有标准的，但却不像生理健康那样"让数据资料说话"判断精准确切，"以标本模型展现"那么具体直观。

心理健康的概念是随时代的变迁、社会文化因素影响而不断变化的。心理学家对心理健康的概念有以下几种说法。

"心理健康是指人们对客观环境具有高效、快乐的适应状况。心理健康的人应保持稳定的情绪、敏锐的智能，以及适应社会环境的行为。"

"心理健康是指在知、情、意、行方面的健康状态，主要包括发育正常的智力、稳定而快乐的情绪、高尚的情感、坚强的意志、良好的性格，以及和谐的人际关系等。"

"心理健康是指人的一种持续的心理状态，主要在这种情况下能做良好的适应，具有生命的活力，能充分发挥其身心的潜能。”

我们认为，所谓心理健康，是指对于环境及相互关系具有高效而愉快的适应。心理健康的人，能保持平静的情绪、敏锐的智能、适应社会环境的行为和气质。

所谓心理健康，是指在身体、智能以及情感上与他人的心理健康不相矛盾的范围内，将个人心境发展成最佳的状态。它的定义包括两层意思：一是没有心理疾病，就如同身体没有病才算是健康的基本条件一样；二是具有积极发展的心理状态。它是指我们不但有健康的心理状态，还能消除不健康的心理倾向，使心理发展处于最佳状态。如同体弱不算有病，但毕竟不算强壮一样，现在我们更注重心理健康的第二层意思。在一般的理解中，心理素质可包括以下基本内容：个性品质、心理健康状况、智力因素和非智力因素、自信心和自我认识能力等。现代社会要求个人具有较强的独立自主性和自我决策的能力。

（一）心理健康的标准

人的心理健康具有相对性，与人们所处的时代、环境、年龄、文化背景等因素有关，不能仅凭一种偶然的行为来判断他人或自己心理是否健康。例如，某个同学正在吃东西，忽然被人抢了去，于是大哭大叫起来。他正常吗？如果他是一个四五岁的孩子，你的结论又如何？所以说心理健康并没有一个完全统一的标准，下面着重介绍几种观点。

1. “最具影响力的标准”

美国心理学家亚伯拉罕·哈罗德·马斯洛（Abraham Harold Maslow，1908—1970）等提出的心理健康的十条标准被认为是“最具影响力的标准”。

（1）充分的安全感。

（2）充分了解自己，并对自己的能力做适当的预估。

（3）生活的目标切合实际。

（4）与现实的环境保持接触。

（5）能保持人格的完整与和谐。

(6) 具有从经验中学习的能力。

(7) 能保持良好的人际关系。

(8) 适度的情绪表达与控制。

(9) 在不违背社会规范的条件下，满足个人的基本需要。

(10) 在不违背社会规范的条件下，有限地发挥个性。

2. 心理健康的八条标准

第一，有一个积极进取的人生态度。

一个心理健康的人总是热爱人生、热爱生活、珍惜生命的，他们对生活乐观，对未来充满希望，无论是对社会，还是对自己都采取极其负责的态度，因而总是满腔热情地投身于生活，总是忘我地为社会创造财富。对这些人来说，每天都是一个新的开始，每天都是一个新的台阶，不怕困难，不怕挫折，而且总是踏踏实实、认认真真地向着自己既定的目标前进。这类人用他们自己的行动去体验人生的价值，真切而深刻，所以总能享受到人生的乐趣，反过来更能激起自己积极进取的人生态度。

第二，对自我有恰当的认识。

世界上最困难的是什么？就是如何认识自己。一个心理健康的人，一般能有“自知之明”，就是说，能够正确认识到自己的价值，认识到自己在他人心目中的位置，认识到自己的能力、学识、水平，既不高估自己，不对自己的一些长处和优势沾沾自喜，也不会自卑，过分地贬低自己，决不无缘无故地抱怨、自责。反之，一个心理不健康的人，便不能恰当地认同自己，或是莫名其妙地自傲，或是无缘无故地自卑，经常有意无意地掩饰自己的不足，心理特别敏感、脆弱，失落感极强，经不起风浪的折腾，存在严重的心理冲突，回避矛盾，无法保持平衡的心理状态。

第三，享有良好的人际关系。

心理健康的人，在与他人打交道的时候，有以下特点。

(1) 不仅在理性上懂得处理好人际关系的重要性，而且总是表达出一种积极的、乐于与人交往的态度。

(2) 懂得在交往过程中如何尊重人、理解人,从不将自己的观点强加于他人。

(3) 能够平等地、宽容地、客观地了解、评价对方,不势利待人,与人相处时,总显示出同情、友善、信任、尊重等积极的态度。

(4) 在与他人的交往中能够注意他人的长处,能较虚心地向他人学习。

(5) 当他人有困难时,总能采取真诚的、有效的帮助。

(6) 当与他人产生矛盾时,能做到“忍一时之气免百日之忧”,不主动出击,不“窝里斗”,能进行良好的沟通,并以理智的、合理的方式解决。

第四,有一个乐观的情绪状态。

情绪最容易反映人的心理状态,也最能影响人的身心健康。一般来说,情绪健康的人有以下特点。

(1) 没有过分的、不切实际的要求,所以很少有烦恼、不快,精神状态永远是饱满的、乐观的。

(2) 在自己的人生遇到麻烦时,能做到泰然处之,决不自寻烦恼或自我折磨。

(3) 一般能处理好自己与他人的关系,所以很少有麻烦的、别扭的事情引起自己心理的不快。

(4) 有修养,能较好地控制自己的情绪,当自己想发脾气时或暴怒来临时,自己能够意识到,并将其抑制于萌芽状态。

第五,有健全的人格。

心理健康的人,其人格结构,包括气质、能力、性格、理想、信念、动机、兴趣和人生观等各方面都能平衡发展;能够完整、协调、和谐地表现出具有自己特色的精神风貌;思考问题的方式是适中的和合理的;待人接物能采取恰当态度,对外界的刺激不会有偏激的情绪和行为;能够与社会的步调合拍,能和集体融为一体。

第六,道德心态的健康。

道德健康是世界卫生组织近几年来对健康内容界定的最新补充。一个道德不健康的人，很难说是一个完全意义上健康的人。那么，什么是道德心态的健康呢？大致有以下几点。

（1）不做损人利己或损人不利己的事。

（2）不仅有辨别真伪、善恶、荣辱、美丑等是非的能力，而且在自己的行为中去实践真善美，并能与假丑恶进行斗争。

（3）能自觉地遵守社会的各种规范、准则，约束、支配自己的行为。

（4）能尽职尽责地完成自己的工作，尽自己的能力为社会多做贡献。

（5）当国家或社会需要的时候，能够无条件地服从，牺牲自己的利益，甚至生命。

第七，具有良好的社会适应能力。

社会是复杂的，人与人之间的关系是比较难处理的。但是心理健康的人并不因此而感到畏惧、害怕，而是能面对现实、正视现实、改变现实。对这些人来说，往往能做到审时度势，对周围的事物和环境能够做出客观的认识和评价，并能以积极进取的态度正确对待现实环境，既有高于现实的理想，又不沉湎于不切实际的幻想和奢望中，因而能应付比较复杂的局面。当发现自己处于不利的或困难的境地时，也不惊慌、恐惧，而是冷静地处理，将不利转化为有利，将困境转化为顺境，而且在这个过程中锻炼自己的能力。

第八，智力活动正常。

智力活动正常，不一定是指智力超常（智力活动超常也属于智力活动正常的范畴），而是说，这类人的注意力、观察力、记忆力、思维能力、想象力都是正常的，能较好地胜任自己的工作，头脑清醒，不糊涂，反应敏捷，思维清晰，逻辑性强，该当机立断的时候毫不犹豫。

第二节　大学生心理发展的特点

为了更好地把握大学生的心理健康问题，我们先要了解人的心理的一般规律以及大学生心理发展的一般特点。

一、心理活动的实质

人人具有心理活动,它是每个健康人时刻进行着的脑活动。那么,人的心理活动的实质究竟是什么?

1. 心理是脑的机能

脑的生理研究和临床观察证明,任何一种心理活动都和脑的某一部位有关。任何脑部位的损伤,在其生理机能变化的同时也发生心理变化。离开脑这一物质基础,任何心理现象都不会发生。

2. 心理是对客观现实主观的、能动的反应

客观现实是人心理的源泉和内容,如果把大脑比作加工厂的话,那么感知到的东西就是原材料,心理就是产品。没有客观事物作用于人的感觉器官,大脑这个加工厂就没有原料生产,当然也不会有心理活动产品。但是人的心理不是客观的原型,而是有选择性的反应,这就使人的心理活动具有主观能动性。但这种主观能动性不是无限的,要受到社会历史条件的制约。

3. 社会生活实践是人的心理发生、发展的根源

人的心理基础是社会实践,没有社会实践,人的心理就不会发展,甚至不能产生。很多例子证明,人在儿童期如果没有机会与文明的社会生活相接触,大脑得不到适当的刺激,其心理发展就会陷于停滞。"狼孩"卡玛拉就是典型的例子。可见,社会生活实践在产生人的心理方面起着决定性的作用。

二、心理活动的特点

人的心理活动既具有自然的属性又具有社会的属性,自然性是其基本属性,社会性是其本质属性。说其自然性,是因为思维、意识是人脑的产物,而人本身又是自然界的产物,因此,人脑的产物归根结底亦即自然界的产物。但人总是在一定社会中生活的,人的心理活动必然被烙上社会的印记。

在人脑的形成过程中，除了自然进化的作用外，一个最根本的因素是劳动，即社会交往、社会实践。因此，人脑也是社会的产物，人脑本身的社会性决定了人的心理活动具有社会性。人的本质是一切社会关系的总和。

三、心理发展的基本规律

心理发展是指个体随着年龄的增长，在相应环境的作用下，整个反应活动不断得到改造，日趋完善、复杂化的过程，是一种体现在个体内部的连续而又稳定的变化。人的心理发展通常呈现以下规律。

1. 连续性与阶段性

心理发展既体现出量的积累，又表现出质的飞跃，从而表现出阶段性。阶段性是指在心理发展过程中，在不断地产生量变的基础上出现质变，而使得某个年龄阶段具有不同于其他年龄阶段的一般的、典型的、本质的特点。连续性是指各个年龄阶段的心理发展虽然是有区别的，但也是不间断的，表现出心理发展的继承性。在某一年龄阶段之初，会保存着大量的前一年龄阶段的心理特点；在这一年龄阶段之末，也会产生较多的下一年龄阶段的心理特点。

2. 方向性和不可逆性

正常情况下，心理发展具有一定的方向性和先后顺序，既不能逾越，也不能逆向发展。例如，个体动作的发展就遵循自上而下、由躯体中心向外围、从粗动作到细动作的发展规律，这些规律可概括为动作发展的头尾律、近远律和大小律。

3. 不平衡性

个体从出生到成熟体现出多元化的模式，表现为：不同系统在发展速度、起始时间、达到的成熟水平等方面不同，同一机能系统特性在发展的不同时期(年龄阶段)有不同的发展速度。个体在某一特殊的成熟时期，受适宜的环境影响，最容易习得某种行为，发展特别迅速，而如果错过该时期，这方面的发展就会变得较为困难，这个特殊时期便被称为关键期。从总体发展来看,幼儿期出现第一个加速发展期,然后是儿童期的平稳发展,到了青春期又出现第二个加速期,然后又是平稳地发展,到了老年期开始下降。

4. 个体差异性

尽管每个人的发展都要经历一些共同的基本阶段,但发展的个体差异仍然是明显的,发展优势(方向)、发展的速度、高度(达到的水平)往往是千差万别的。例如,有的人观察能力强,有的人记性好;有的人爱动,有的人喜静;有的人早慧,有的人则大器晚成。

四、大学生心理发展的一般特点

大学生具有什么样的心理特点?这些心理特点是如何影响大学生的心理健康的?由于大学生心理发展的诸方面特点后面都有详细的阐述,这里只是简单地概括一下。

(一)认知发展特点

认知是一种认识过程,指人在认识客观事物的过程中,为了弄清客观事物的性质和规律而产生的心理现象。总体来说,大学生的认知发展已经达到了较高的程度,也逐渐形成了自己的认知风格。他们不仅感知能力趋于完善,具有在抽象水平上精确地掌握理解各种事物及其关系的能力,而且在想象、独立思考等方面的能力也有很大的提升。但受青春期"自我中心"的影响,在看问题时容易陷入非黑即白的思维中,批判性有余而客观性不足,有时显得不够成熟。

(二)情绪发展特点

在生活中,情绪是人的心理状态的晴雨表,它反映着每个人内在的心理状态。美国心理学家霍尔把青年时期的情绪特征概括为"狂风暴雨"。大学生正处在青年期,具有青年人共有的情绪特征,往往情感丰富、情绪体验强烈,两极化明显,容易激动甚至会盲目地狂热,也容易灰心丧气,情绪来得快,平息得也快。总的来说,大学生的情绪特征正处于由波动性向稳定性逐步过渡的阶段。

(三)意志发展特点

意志使人自觉地确定目的,并根据目的调节支配自身的行动,克服困难,实现预定目标的心理过程。它是人的意识能动性的集中表现。大学生的意志品质已呈现出较高的水平,但发展不平衡,总体上呈现以下特点:自觉性有很大提高,但惰性不同程度地存在;理智感大大增强,但自制力仍显薄弱;有毅力,但持久性相对不足;独立性明显提高,但伴有依赖性、逆反性;果断性增强,但带有一定的冲动性;意志品质发展具有不平衡性和不稳定性。大学时期,大学生的各种意志品质迅速发展,但仍没有最后定型,有一定的可塑性。

(四)自我意识发展特点

进入大学的学生,都会思考“我是谁”“我要做什么”“我为什么上大学”等问题,这些都是大学生自我意识的体现。生活阅历与学习特点决定了大学生自我意识的独特性。从大学生的自我认知来看,主要表现在自我分析的广度拓宽但深度不够,自我认识的自觉性和主动性明显提高,自我评价能力提高但欠客观,有片面性。从大学生自我体验看,其形式显现出丰富性、敏感性、波动性和深刻性等特点,其内容则显现出自尊和自卑共存、开放性与闭锁性同在等特点。从大学生的自我调控看,自我控制能力较中小学阶段有所提高但仍然相对较弱,自我完善的愿望强烈但行动落后于想法。

五、大学生的心理发展任务

(一)国内外学者论青年期心理发展任务

不同的人生发展阶段具有不同的发展任务,也称发展课题。中外学者对此有不少的论述。

1. 哈维格斯特的发展任务观

“发展任务”的创始人哈维格斯特提出了发展任务的系统见解。他认为,发展任务是个人在人生各阶段必须获得的机能、知识、技能、态度等,这既是个体的要求,也是社会的要求。他指出,人为了度过幸福的人生,在各个时期有该时期必须做的事情，错过了这一时期就不行。如果能完成该时期的任务，便是幸福的，并且也易于完成以后的任务。如果没有完成，个人就会感到不幸，也会遭到社会的谴责，影响下一个时期任务的完成。

哈维格斯特就青年期的发展任务进行了系统的论述，共列举了10项青年期的发展任务：(1) 学习与同龄男女之间新的熟练的交际方式；(2) 学习作为男性或女性的社会任务及角色，发展独立性；(3) 认识自己的身体构造；(4) 从精神上独立于父母及其他成人；(5) 具有在经济上自立的自信；(6) 选择职业及为其准备；(7) 做结婚及家庭生活的准备；(8) 发展作为社会成员所必须具备的知识和态度，发展人生观；(9) 追求并完成负有社会责任的行动；(10) 学习作为行动指南的价值观和伦理体系。

2. 林崇德的青年期发展任务

我国学者林崇德提出，青年期的发展任务包括10个方面：(1) 对身体的发育，特别是对因性成熟引起的诸多变化的理解和适应；(2) 从精神上和经济上脱离父母并走向独立；(3) 逐渐完善作为男性或女性的性别角色；(4) 对新的人际关系，特别是异性关系的适应；(5) 正确认识自己在社会中的角色，通过各种社会活动完善自己；(6) 树立作为社会一员所必须具备的人生观和价值观；(7) 掌握作为社会一员所必须具备的知识和技能并付诸社会实践；(8) 选择职业及适应工作；(9) 恋爱、结婚及适应婚姻；(10) 成就感的获得与自我实现。

上述学者提出的青年期心理发展任务也是处于青年期的大学生的心理健康发展任务。

（二）大学生的心理发展任务与心理健康

从人生的发展阶段来看，大学生处于青年期。青年期是由儿童向成人的过渡期、转变期。大学生应完成相应的心理发展任务，否则将不能顺利进入成人发展阶段或会影响成人阶段的发展任务。从心理健康的角度看，顺利完成发展任务，有助于大学生获得积极向上的心态，并为后一阶段心理健康发展任务的完成奠定良好的基础，对前一阶段完成的发展任务产生积极的巩固或修复作用;反之则会带来挫折和失落,甚至阻碍心理的发展。

美国学者戚加宁提出了大学生的7个发展任务,其主要内容有:

(1) 发展能力。在大学期间,大学生可以增进和发展多方面的能力,使自己更有信心来表达这些能力,包括智力、体力、社交能力等。

(2) 管理情绪。大学生们每天面对许多挑战,有些来自学习方面,如选修课、考试、写论文,还有些来自人际关系、家庭、生活等方面,从而产生种种不同的情绪,包括积极的和消极的。大学生要充分了解自己,认识自己的情绪,并以恰当的方式来处理情绪。这对整个人生都有着深远的意义。

(3) 由自主迈向相互帮助。作为大学生,学习独立、学习自己承担责任是十分重要的。在学习独立的同时也要学习如何相互帮助,如何相互包容、友善待人,因为每个人的行为都会影响自己和他人,在有些情况下个人需做出牺牲、让步,以达成共识。

(4) 发展成熟的人际关系。与别人建立关系对大学生的生活有很大的影响,建立成熟的人际关系十分重要。既要容忍和欣赏别人与自己的不同,又要有能力与别人发展亲密关系。维持这样一种亲密融洽的关系需要自我认识、自发性、自信心支持及沟通等。

(5) 确立自己的角色地位。这一点对于大学生来说十分重要,它既影响自尊心、自信心的建立,同时也影响他人对自己的满意及接纳程度,还会影响对自己的评价。

(6) 发展目的。发展目的包括不断增强能力,制订计划,设定方向和目标。具体来说,包括:一是职业上的计划及期望;二是个人兴趣;三是对人际关系及家庭的承担。人生目标的制订往往与大学生自己的价值观及信念有关。

(7) 发展整合。大学生的价值信念是引导他们行为的方向,也是他们为人处世的原则。它包括行为与价值一致、顾及别人的利益、尊重别人的意见,同时能够肯定自己的价值观及信念。

整合各方的观点,从大学生的心理特点来看,大学生心理发展的任务可以概括为：

（1）澄清自己的角色形象，确立内在的生活目标，在更高层次上实现自我意识的统整。

（2）发展良好的人际交往能力，学习与异性和同性建立亲密关系。

（3）从心理上获得真正的独立，做好未来人生的规划。

（4）发展社会所要求的专业技能、适宜的行为模式和积极的价值观念，完成社会化任务。

第三节　大学生心理健康的标准

一、大学生心理健康的一般标准

综合国内外专家学者的观点，根据大学生这一特殊群体的年龄特征、心理特征和社会角色特征，一般认为我国当代大学生心理健康的基本标准如下。

1. 智力正常

智力是指一个人认识能力与活动能力所达到的水平，是人的观察力、注意力、记忆力、想象力、思维能力、创造力和实践活动能力等的综合，包括在经验中学习或理解的能力、获得和保持知识的能力、迅速而又成功地对新情境做出反应的能力、运用推理有效地解决问题的能力等。

智力正常是大学生学习、生活、工作的最基本的心理条件，是大学生胜任学习任务、适应周围环境变化需要的心理保证。因此，智力正常是衡量大学生心理健康的基本标准。一般来说，大学生的智力是正常的，甚至相对于同龄人，其智力总体水平较高，因而衡量大学生的智力水准，关键看大学生的智力是否正常地、充分地发挥了效能。

大学生智力正常且充分发挥的标准是：有强烈的求知欲和浓厚的探索兴趣，智力结构中各要素在其认识活动和实践活动中都能积极协调地参与，并能正常地发挥作用，乐于学习。

2. 情绪健康

情绪健康的主要标志是：情绪稳定和心情愉快。这是大学生心理健康的一个重要指标，因为情绪在身心健康中起着核心作用，情绪异常往往是心理疾病的先兆。大学生的情绪健康应包括以下内容。

第一，愉快情绪多于不愉快情绪，一般表现为：乐观开朗，充满热情，富有朝气，善于自得其乐，对生活充满希望。

第二，情绪稳定性好，善于控制和调节自己的情绪，既能克制约束，又能适度宣泄，不过分压抑，使情绪的表达既符合社会的要求，也符合自身的需要，在不同的时间和场合有恰如其分的情绪表达。

第三，情绪反应是由适当的原因引起的，反应的强度与引起这种情绪的情境相符合。

3. 意志健全

意志是人在完成一种有目标的活动时，所进行的选择、决定与执行的心理过程。意志健全者在行动的自觉性、果断性、顽强性和自制力等方面都表现出较高的水平。

意志健全的大学生在各种活动中都有自觉的目的性，能适时地做出决定并运用切实有效的方法解决所遇到的各种问题，在困难和挫折面前，能采取合理的反应方式，能在行动中控制情绪和言行，而不是盲目行动、优柔寡断、轻率鲁莽、害怕困难、意志薄弱、顽固执拗、言行冲动。

4. 人格完整

人格在心理学上指个体比较稳定的心理特征的总和。人格完整是指有健全统整的人格，即个人的所想、所说、所做都是协调一致的。大学生人格完整的主要标志：一是人格结构的各要素完整统一；二是具有正确的自我意识，不产生自我同一性混乱；三是以积极进取的人生观作为人格的核心，并以此为中心把自己的需要、愿望、目标和行为统一起来。

5. 自我评价适当

适当的自我评价是大学生心理健康的重要条件。大学生是在与现实环境和他人的相互关系中，以及实践活动中，认识自己的。一个心理健康的大学生对自己的认识，应比较接近现实，有“自知之明”。对自己的优点感到欣慰，但又不至于狂妄自大；对自己的弱点既不回避和否认，也不自暴自弃，而是善于正确地“自我接受”。

6. 人际关系和谐

社会的人总是处在一定的社会关系中，大学生也同样离不开与人打交道。和谐的人际关系既是大学生心理健康不可缺少的条件，也是大学生获得心理健康的重要途径。大学生人际关系和谐表现为：乐于与人交往，既有稳定而广泛的人际关系，又有知心朋友；在交往中保持独立而完整的人格，有自知之明，不卑不亢；能客观评价别人和自己，善于取人之长补己之短；宽以待人，乐于助人；积极的交往态度多于消极态度；交往动机端正。

7. 适应能力强

较强的适应能力是心理健康的重要特征，不能有效处理与周围现实环境的关系是导致心理障碍的重要原因。

心理健康的大学生，应能和社会保持良好的接触，对社会现状有清晰正确的认识，思想和行动都能跟得上时代发展的步伐，与社会的要求相符合。当发现自己的需要和愿望与社会需要发生矛盾时，能迅速进行自我调整，以求和社会的协调一致，而不是逃避现实，更不是妄自尊大，一意孤行，与社会需要背道而驰。

8. 心理行为符合大学生的年龄特征

大学生应具有与年龄和角色相适应的心理行为特征。若一个大学生经常严重地偏离这些心理行为特征，则有可能是心理异常的表现。

在后面的章节中，我们将根据大学生心理健康的标准，具体探讨大学生的心理健康状况、常见的心理健康问题以及提高心理健康水平的对策。

二、科学理解大学生心理健康的标准

尽管我们列举了一系列心理健康的标准，但是，在判断一个人的心理是否健康时,我们并不能照此生搬硬套。因为,心理健康标准仅仅是一种参考,是一种相对的衡量尺度。因此,我们在理解和运用心理健康标准时应注意以下几点。

第一,心理健康具有相对性。绝对心理健康只是一种理想状态,心理有病也只是少数人,绝大多数人在某个阶段或多或少都有一些心理问题。判断一个人的心理健康状况,不能简单地根据一事一时下结论。心理健康是较长一段时间内持续的心理状态,一个人偶尔出现一些不健康的心理和行为表现,并不等于这个人的心理就是不健康的,这正如一个人睡了一次懒觉,不能就此给他下一个懒惰的结论一样。心理健康的人也可能会有轻微的心理问题,或某个时间内出现暂时的心理失衡,没有一点心理问题的绝对心理健康是不存在的。而且,从社会文化的角度看,心理健康也具有相对性。心理健康标准是随着时代变迁、社会发展、制度变革、社会文化背景的差异而变化的。特定的社会文化对心理健康的理解取决于该文化对心理健康的各种特征所持的价值观,这也是为什么不同的国家、同一个国家的不同地区、同一个地区的不同阶层(如年龄、文化、职业、性别)需要有不同的心理测量常模的原因。

第二,心理健康具有连续性。人的心理健康状态不是只有健康与不健康两个泾渭分明的对立面,在健康与不健康之间存在着一个巨大的量变过程。从出现发展性问题到适应性问题再到障碍性问题,心理问题的严重程度是逐渐增加的,从健康到不健康有个逐渐过渡的过程。因此,心理健康状况与其说是正常与异常这两种类型上的差异,不如说是程度上的差异。

第三,心理健康具有动态发展性。心理健康状态并非静止的,而是处在不断变化之中。它随着人的成长、环境的变化而改变,既可以从不健康转变为健康,也可以从健康转变为不健康。所以,应用发展变化的眼光判断大学生的心理健康状况。事实上,有些不健康的心理行为可能是人在成长中不可避免的发展性问题,或暂时性的心理表现,其状况会随着自身的发展而自行消失。

第四，心理健康具有整体协调性，把握心理健康的标准，应以心理活动为本，考察其内外关系的整体协调性。事实表明，从心理的构成要素看，无论哪一方面要素的缺损或丧失，或各要素之间不能协调地进行符合规律的运作时，都会危及心理健康。从心理过程看，人的心理活动应是一个有机统一的协调体，认知是健康心理的起点，意志行为是人格的体现，情感是认知与意志行为之间的中介因素。只有认知、意志、情感以及行为协调统一，一个人才能实现心理健康。从个性角度看，稳定性是个性的基本特征。因此，如果没有受到明显的、剧烈的外部因素影响，一个人的个性是不会轻易发生变化的，否则说明其心理健康状况可能发生了变化。

第五，心理健康具有差异性。组成心理健康标准的各要素，在个体身上并非同等发展，而是具有差异性的。即某些心理要素可能比另一些心理要素表现得更健康些或更不健康些，而且在不同的时间和场合可能会有所差异。

第六，心理健康具有延伸性。心理健康标准反映的是个体良好地适应社会生活所应具备的心理状态的一般要求，而不是最高的心理境界，即心理健康具有延伸性。所以，为了充分发挥自身潜能，达到最大可能的自我实现，每个人都应该把提高心理健康水平、充分发挥自身潜能、促进自己全面发展作为自己终其一生的发展任务。

最后，需要强调的是，心理是否健康（尤其是否出现心理障碍）需要心理专业人员的鉴定，大学生不可对号入座或随便给自己和他人贴上某种标签，以免产生不良的心理暗示。

第四节　大学生心理健康的状况及其影响因素

大学生正处在人生发展的高峰时期，是国家的希望，社会的未来。大学生一方面正处于心理发展的特定阶段，另一方面又经历着社会变革的冲击，因此，在成长过程中出现种种矛盾和问题乃至出现心理问题也是正常的。科学把握大学生心理健康的现状及其影响因素，对提高大学生心理适应能力、优化心理素质、进行针对性的自我调整有着重要意义。

一、大学生心理健康状况

（一）大学生心理健康的总体状况

近几年全国各地对大学生心理健康状况的调查显示，总体而言，大多数大学生的心理健康状况是积极、正向、良好的。他们的智力水平普遍较高，求知欲望强烈，对学习有浓厚的兴趣，学习效率较高；他们有较完善的自我意识，能较好地认识和表现自己，对自己有恰当的评价，能较好地认识自己、悦纳自己；他们富有朝气和活力，态度积极，情绪比较稳定，乐观自信，对未来充满信心；他们有比较健全的意志，自觉性和自制力较强；他们人格完整统一，敢于竞争和不断进取；他们拥有良好的人际关系，对社会现状有较客观的认识，善于进行自我调节，社会适应性良好。

总的来说，当代大学生的心理健康状况是适应学校生活的，并有助于促进大学生的健康成长。走向社会后，绝大多数的大学生都表现出了较好的社会适应能力。

当然，大学阶段一方面是大学生人生发展的黄金时代，另一方面也是人生中充满矛盾纠结、身心发生较大的变化、趋向社会成熟而又尚未完全成熟的一个过渡期，是人生中最具有较大可塑性的时期。加之社会的迅速发展、生活节奏的加快，大学生面临着生活、学习、择业等多重压力，每位大学生在其成长的过程中都会遇到各种问题，遭遇种种挫折，从而出现这样那样的矛盾、冲突、困惑、不适。但大学生所遇到的困惑大多数都是“成长的烦恼”，是一个人发展过程中难以避免的，甚至是成长所需要的。正是在经历种种磨难和挫折的过程中，大学生获得了更好的心理发展和自我成长。但也有极少数的大学生由于经历的挫折较大，自己不善于调整，也没能得到外界的有效帮助，从而陷入困境，严重的甚至引发心理疾病等。

（二）大学生心理健康问题的主要表现

来自大学生心理健康测查和高校心理咨询机构的调查都显示，大学生最常见的心理问题是人际关系问题、恋爱问题、学习问题、择业问题和情绪问题等。其中，年级不同，大学生心理健康问题也有所差异。大一学生的主要心理问题是新生适应问题，这也是目前高校带有普遍性的问题，同时也是高校心理咨询和学生教育管理的重点内容。大二学生的心理问题主要表现为人际交往、学业问题。大三学生的恋爱情感问题比较突出，考研、就业压力、对未来的规划、职业选择等问题也比较突出。大四学生则主要表现为求职择业问题和未来发展问题。当然，上述分布并不绝对，学习压力、情感纠纷、人际冲突是贯穿各年级的。

1. 适应问题

适应问题突出反映在大一新生阶段。进入大学后，几乎每位新生都会面临环境适应、自我认知、学习方法、人际交往等方面的调整和适应问题，大部分学生会表现出不适应甚至产生失落感和茫然感，只是问题程度和持续时间不同罢了。一方面，对于绝大多数新生来说，迈入大学的校门意味着远离父母、亲朋好友以及熟悉的生活、学习环境，开始独立生活，许多问题需要自己独立处理。如果他们不能尽快地适应，就会形成不同程度的适应问题。对于一部分在中学时成绩优异，一直生活在老师的宠爱和同学们的羡慕之中，形成了一种“优越感”的同学来说，进入大学后，还要面临角色的转变，面对“高手云集”的新集体，他们可能失去了往日的“风光”，不再像高中一样“辉煌”。如果不能对此巨大的心理落差做出及时的调整，就会造成焦虑、自卑等不良心理，有的新生甚至从此一蹶不振。

2. 生涯规划与就业心理问题

大学是连接学校与社会的桥梁，如何做好生涯规划关系到每个大学生的大学生活，也可能影响其一生的发展。但很多大学生缺乏人生规划的意识，对未来容易感到迷茫。另外，随着经济结构的调整和高等教育大众化进程的推进，大学生的就业压力越来越大。不少大学生由于对此变化不适应，不能做出及时调整和顺应，因而出现种种困扰和苦恼，导致在求职择业方面出现心理问题。具体表现为：由于就业心理准备不足而产生盲目心理、从众心理；因缺乏对自我的客观评价而导致的自卑、自负；由于对竞争缺乏信心而产生焦虑；因缺少独立意识而形成的依赖心理，由不能面对现实而造成的逃避心理；因自我定位不清晰而产生的攀比心理；等等。这些问题都会影响大学生的生涯规划和顺利就业，影响大学生的心理健康和发展。

3. 学习问题

大学的学习目的、学习方式、学习内容都有别于中学，一些大学生忽视了对学习方法的调整，刻板地沿用中学阶段的学习方法来应对大学课程，或者由于学习动力缺乏、学习目的不明确、学习兴趣偏低、学习态度不端正、学习动机功利化等，导致在学习过程中出现挫折、迷茫、困惑以及考试不及格等问题，进而导致紧张、焦虑、挫败、自卑、厌学等不良情绪反应。不良的情绪反应反过来又进一步影响其学习效果，导致学习压力进一步加大。另外，专业选择不当也会给一些大学生带来心理困扰。

4. 情绪问题

大学生情感丰富、细腻多变，然而由于社会经验不足，情绪不稳定，往往容易出现急躁情绪，感情用事。大学生的内心体验比较丰富、细腻，更注重情感生活。但由于他们的情绪、情感具有两极性、矛盾性的特点，自控能力不强，感情比较脆弱，常常会因日常生活中的一点小事而情绪波动。特别是在生活、学习等方面遇到较大的挫折时，容易表现出抑郁、焦虑、无助甚至绝望等不良情绪状态。

5. 人际交往问题

人际交往问题往往排在大学生各种心理问题的首位，已成为困扰大学生学习和生活的一个重要因素。处于青年时期的大学生，人际交往的需求极为强烈，他们希望借此去认识世界、获得友谊，满足自己精神上的各种需求。但由于缺乏社交经验和技巧，对人际关系的追求往往又带有较多的理想色彩，导致他们对社交现状不满，归属和爱的需要不能获得满足，由此产生失落感和孤独感。人际交往问题成为最困扰大学生的心理问题之一，主要表现为：社会认知能力不强、缺乏社会交往经验和技巧致使人际关系失调、人际冲突严重等，容易导致焦虑、恐惧、退缩、逃避等不良心理和行为反应。互联网时代的兴起也对人际关系产生了很大的影响。许多大学生喜欢在网络上交友，却不愿意与身边的同学、教师和朋友进行面对面的沟通。

6. 恋爱与性心理问题

随着生理和心理的日渐成熟，大学生的情感需求逐渐强烈，对恋爱及两性问题很关注，也很敏感。但由于他们的思想尚不成熟，考虑问题较简单，大学生对什么是爱情，爱与喜欢、好感如何区分，如何寻找、表达、获得或拒绝爱情，特别是对如何正确处理失恋、单相思以及性需求、性行为等问题感到迷茫与困惑，因而容易造成心理困扰。

上述问题是大学生中比较常见的，它们既可以是心理问题的表现内容，也可以是引起心理问题的原因，而且各种问题之间也往往相互作用，比如人际关系问题会引起学习问题、情绪问题等，而学习问题也可能引起人际关系问题和情绪问题等。

二、影响大学生心理健康的因素

大学生的心理健康问题是生物、心理、社会诸因素作用于个体的结果，值得重视的是心理、社会因素对大学生心理健康的影响。

（一）影响大学生心理健康的内在因素

1. 生物学因素

对大学生的心理健康产生影响的生物学因素主要有以下几种。

(1) 大脑的器质性病变和有害物质的侵入。根据临床观察和专家的研究分析，脑器质性病变，如脑肿瘤、脑萎缩、脑炎、脑血管疾病、脑外伤等，会直接导致各种心理异常表现，甚至出现意识障碍、智能障碍、情感障碍和人格异常等。中毒也能引起各种心理疾病。麻醉剂、兴奋剂、镇静剂，以及长期酗酒、大量吸烟等导致的中毒现象也会改变人的正常心理活动。

（2）躯体疾病。各种躯体疾病，尤其是慢性疾病，常可使人变得烦躁不安、敏感多疑，情绪稳定性降低，行为控制力减弱，兴趣缺乏，人际关系变得紧张，严重的还可能导致心理障碍，包括情感障碍、智能障碍和人格改变等。

（3）遗传因素。大量研究表明，在精神疾病中，尤其是在精神分裂症、躁狂症、抑郁症等的发病因素中，遗传因素占有重要的地位。

（4）神经系统发育的健全性。神经系统发育不健全，如大脑皮层和皮层下神经组织之间的相互协调作用有某种障碍，大脑皮层的兴奋和抑制过程的协调作用有某种障碍等，均可导致心理出现某种偏差。神经类型属弱型的人更容易受到不良因素的影响而出现不健康的心理行为。

（5）生理发育因素。个体生长发育状况、人体的某些生理特征（男生的身高、女生的体形以及外貌等）都会给大学生带来心理压力，对其心理健康产生一定的影响。

2. 心理因素

个体心理因素是影响和制约大学生心理健康的主要内因，一般来说有以下几点。

（1）认同的危机。大学阶段正是大学生解决“自我同一性”危机的时期。大学生不断地反省自我和人生，思索着自己、社会以及两者之间的关系。在确定“自我同一性”的过程中，大学生会经历各种内心矛盾和迷惘，情感起伏大，容易诱发一些心理障碍。而“认同危机”解决得如何，本身也是衡量心理健康水平的标准之一。

（2）性的生物性与社会性冲突。从生理上看，处于青年期的大学生已经性成熟，有了性的欲望与冲动，然而由于社会道德、法律和理智的约束，这种欲望被限制和压抑着。一般情况下，大学生通过学习、工作、文娱活动、社交等途径使生理能量得到正当的释放，得到某种程度的宣泄、代偿、升华，否则容易产生不适当的性压抑，有时甚至是比较严重的性压抑。不适当的性压抑是导致心理障碍的重要因素之一。

（3）挫折承受能力。一方面，由整个社会的紧张性刺激增多而带来的应激或压力在广度和深度上都在增加；另一方面，不少大学生的心理素质却远远跟不上。在“过度保护”的环境中成长起来的大学生，相当一部分人心理素质脆弱，遇到一点不顺利、不如意，就容易有挫折感，尤其是当受到的挫折强度较大或时间较长时，就会转向失望、自卑，变得心灰意冷、萎靡不振。还有些大学生在受到挫折、阻碍时，会表现出攻击性行为，甚至诉诸暴力手段来解决问题。

（4）情绪调整力。大学生正处在情绪最强烈而又最动荡的时期。他们的情绪富有冲动性，常摇摆不定，跌宕起伏。故容易缺乏冷静的思考，因而常会因做错事而懊丧悔恨。同时，由于情绪具有弥散性的特点，大学生对事物的判断有时会失去客观性，表现在对挫折的判断上往往会以点概面、灾难化或夸大化，使人生蒙上阴暗的色调。

（5）个性发展状况。同样的环境因素，同样的挫折，不同的个体有不同的反应模式，这与人的个性有直接关系。性格内向、孤僻、沉郁、压抑、过于自卑或过分自尊、急躁、冲动、固执、多疑、好钻牛角尖、易偏激、有太强的个人欲望和过高的个人期望、不善于人际交往、唯我独尊、爱慕虚荣、娇生惯养、感情脆弱等个性特征，都是不利于心理健康的，而其中有些本身就是心理障碍的表现。

（6）人生观。大学生一方面正处于人生观逐步确立阶段，另一方面又面临多元价值体系的选择，加之某些社会思潮的影响，使得人生观的确立变得困难而复杂，且动荡不定。人生观的动荡模糊往往会影响大学生对事物的评价，使得他们在遇到困难、挫折时产生情感波动，不能正确对待，尤其是错误的人生观往往限制了他们的视野，使他们经受不住心灵的创伤。

（7）内心矛盾冲突。青年期的大学生正处在由不成熟趋向成熟的过程中，成熟与不成熟常常交叠在一起，这典型地反映在他们的内心矛盾冲突中。例如，自立与依赖的矛盾，自信与自卑的矛盾，理想与现实的矛盾，知与行的矛盾，感情与理智的矛盾，需要与满足的矛盾，闭锁性与开放性的矛盾，冲动与压抑的矛盾，向善的愿望与从恶的意念的矛盾等。当一个人长期处于内心矛盾中或内心矛盾冲突的强度过大时，加之外界某些事件的作用，就可能破坏心理平衡而出现心理障碍。

青年期是一生中最苦闷、烦恼最多且体验最深刻的时期，此时大学生的内心敏感又脆弱，很容易受到伤害，当不良的社会环境因素与不良的生理、心理因素交互作用时，就会导致心理健康问题。因此，特别需要加强心理健康教育。

（二）影响大学生心理健康的外在因素

影响大学生心理健康的外在因素主要来自家庭、学校和社会几个方面。

1. 家庭因素

著名教育学家马卡连柯曾说过："父母像牛马一样娇惯出来的子女，不是家庭的叛徒，就是社会的暴君。"可见家庭对子女的影响是非常重要的。家庭是人生的奠基石，父母是孩子的第一任老师，对孩子成才的影响是长久而深远的，这种影响包括过去生活中造成的和此时此刻正在发生的。家庭因素中比较重要的有父母的教养态度和方式、家庭结构、家庭的情绪氛围、家庭经济状况等。

(1) 父母的教养态度和方式。父母的教育方法直接影响着孩子的行为和心理。父母的教养方式一般有权威-民主型、独断-专制型、宽容-溺爱型和放任-忽视型四种。其中独断-专制型、宽容-溺爱型和放任-忽视型的教养方式易对子女造成心理问题。一般来说，民主、平等而非命令的、居高临下的，开明而非专制的，潜移默化而非一味娇宠的教养态度与教育方法，有利于学生心理的健康发展。

(2) 家庭结构。父母双方或一方去世、单亲家庭、重组家庭、家人有违法犯罪行为等因素也会对孩子的心理产生一定的影响。处于残缺型家庭结构的子女因为缺少与家庭的正常情感沟通，经常体会不到亲情的温暖，归属感和爱的需要得不到满足，容易导致其情绪不稳定、心理不平衡、人际关系不协调、自我评价不恰当、价值观念不正确，不同程度地阻碍或扭曲了健康人格的发展。需要特别指出的是，由于父母不全或与父母分离而给子女带来的心理健康问题，其本质原因与其说是由不完整的家庭结构所造成的，还不如说是由不完整的家庭在客观上更有可能削弱亲子间的联系而导致的。也就是说，家庭成员间互相联系的方式比家庭结构更重要。

(3) 家庭的情绪氛围。家庭氛围是身处其中的人形成良好心理素质的前提，家庭成员间的语言及人际氛围直接影响着家庭中每个成员的心理。家庭成员之间关系和谐、融洽，能相互体谅、相互关心，尽管遇事会产生意见分歧，但在原则问题上能团结一致。在这种氛围下，子女不但能体会到关怀、幸福和温暖，而且能学会与人沟通、交流与合作的方法，从而使子女的思维、意志、能力等得到和谐发展，并从中获得安全感，形成乐于接受教育的自觉性。相反，如果家庭成员之间关系紧张敌对、冷淡疏远，常处于相互指责、争吵、缺乏爱和温暖的家庭氛围中，极易使子女缺乏安全感，产生焦虑、不安、恐惧的情绪，形成孤僻、怯懦、自卑、偏执、退缩、封闭的性格，对事情冷漠、不合作，甚至把不良情绪发泄到别人身上，以求获得心理平衡。因此，良好的家庭氛围有利于青少年形成健康的心理和健全的人格。

(4) 家庭经济状况。在人们遭受的挫折中，贫困是比较常见和短期内难以改变的。随着我国高等教育深化改革和社会贫富差距拉大，贫困生作为大学校园中的一个特殊群体，承受着较大压力，甚至陷入"心理贫困"状态。许多研究表明，家庭经济状况也会影响大学生的心理健康。贫困大学生由于家庭经济条件差，生活压力重，往往也容易在心理上承受较大的压力。一部分大学生因此产生自卑、抑郁、焦虑、孤僻、嫉妒、人际关系敏感、攻击性、退缩、自我封闭等一系列的心理行为问题，给他们的学习、生活等诸多方面造成了不良影响。当然，也有相当一部分贫困大学生自强自立，反而比一般的大学生成长得更快。

2. 学校因素

现在的大学生基本上是"90 后"，之前接受的教育使他们在进入大学后仍存在对家长和老师的依赖心理，不能适应大学的自主学习模式。大学是大学生生活、学习的主要场所，学校的环境和教育对大学生的心理健康有着更直接、更深刻的影响。概括起来，影响大学生心理健康的不良校园因素主要有以下几种。

（1）人际关系因素。大学生的人际交往网络要远远比高中生宽广和丰富，当然与大学生打交道最多的还是老师和同学，对其心理影响最大的也是老师和同学。由于来自不同的地域，学生的文化背景、价值观念、生活习惯、个性、兴趣等有所不同，加之人际交往能力不强等因素，容易与人发生摩擦和冲突，导致人际关系紧张，特别是同寝室同学之间更容易发生矛盾纠纷，从而影响心理健康。老师对待学生的态度、行为及其素质等也会对学生的心理造成深刻的影响。

（2）学习生活的压力。大学生的主要任务是学习，因此学习状况成为影响大学生心态的重要因素。许多大学生常常为自己的学习成绩和未来的就业担心、不安，时常感到学习压力大。这种压力一方面来自繁重的学习任务、不当的学习方法、过多的证书考试，精神长期过度紧张；另一方面来自大学里竞争内容的扩展，竞争不再仅仅局限于学习成绩，还包括各种知识、能力、特长的比较。此外，学习兴趣与所学专业的矛盾也是相当一部分大学生产生焦虑、紧张、冲突、痛苦、自暴自弃等心理的原因。适度的紧张和压力有助于一个人的成长，但如果精神长期处于高度紧张的状态下，就会对心理造成不良影响。

（3）课余文化生活。大学生活应该是丰富多彩的，关键是自己能不能善于把握。一些大学生因为兴趣少、活动技艺不足，加之娱乐场所、器材缺乏，觉得与想象中的丰富多彩的大学生活相去甚远，因而产生枯燥、乏味、空虚、压抑、失望和苦闷等不良情绪。一些大学生将课余生活的重心转向网络，沉溺于虚拟的网络世界，沉醉于一种虚幻的满足，甚至导致网络成瘾问题。

（4）就业压力。随着我国高校招生规模不断扩大，每年的毕业生数量激增，求职市场呈现人才过剩的现象。有些大学生就业期望值过高而自身就业准备又不充分，这些都容易造成沉重的压力。

（5）素质教育的落实。尽管素质教育已实施多年，但应试教育的影响依然存在。近年来高校心理健康教育越来越受到重视，但发展很不平衡，与大学生的需求相比，与社会发展对人才心理素质的要求相比，还有一定距离。因此，无论是在学校，还是将来走上社会，学生们普遍呼吁要进一步加强心理健康教育，以提高心理健康的维护、促进能力。

3. 社会因素

急剧的社会变革和科学技术的高速发展，使大学生面对的社会刺激日益增多，对他们的心理健康造成了一定的影响。现代化的过程既是经济发展、生活环境变化的过程，更是社会结构、生活方式、价值观念、行为模式变革的过程，是民族文化、国民性格变迁的过程。现代化带来了社会的发展和人民的幸福，也带来了负荷和危机，它在增进人们健康的同时，也制造了新的有害身心的因素。

社会急剧变革，导致多种社会问题凸显；人口膨胀、交通拥挤、空气污染、社会关系紧张和社会阶层复杂多变等，构成了不良的心理应激；现代社会的生活节奏加快，竞争加剧，在很大限度上加重了大学生的心理压力；信息负荷过重，社会信息化、网络化的瞬息万变，给大学生的心理适应能力带来了巨大的冲击；多种文化的交汇所带来的冲突、观念的多元和多变，使部分大学生失去了稳定感，变得难以认同，无所适从。

综合以上分析，需要指出的是，以上这些因素并非是单一地对个体产生影响的，而往往是多个因素共同作用于个体。此外还必须指出，以上这些因素对大学生健康的影响不都是消极的，有些因素对有些大学生也可产生积极的影响。各种环境因素通常需要通过个体内在的心理因素（例如人格）的中介或调节机制影响个体的心理健康水平。当遭遇不利的应激环境时，如果能够妥善地予以应对，主动改造环境以利于个人和社会的健康发展，或者改变自己以顺应环境，那么在此过程中，这些学生便能增强适应环境的能力，并增加其健康人格特质的负载量。目前人们经常提到的两种相关的健康人格特质是坚忍性和心理弹性。拥有健康人格是所有大学生的人生理想；目前在我国大、中、小学生中广泛开展的心理健康教育，所要达到的根本目的便是培育和优化各种心理健康素质，即健康（健全）人格。

第五节　大学生心理健康的维护与促进

教育部在《普通高等学校学生心理健康教育课程教学基本要求》中指出："加强和改进大学生心理健康教育是全面落实教育规划纲要、促进学生健康成长、培养造就高级专门人才的重要途径，是全面贯彻党的教育方针、建设人力资源强国的重要举措，是全面提高高等教育质量、加强和改进大学生思想政治教育的重要任务。"大学生心理健康的重要性已越来越为大家所认知，如何提高大学生的心理健康水平正在成为高等教育的重要任务，成为每个大学生关心的重要问题。

一、大学生心理健康的意义

谈到大学生心理健康的意义，一些人会把促进心理健康与没有心理障碍、心理疾病或发生心理危机联系起来。这种理解是片面的。从本质上说，高校心理健康教育是面向全体大学生的教育，是为了大学生的健康、快乐、成功，或者说为了大学生更健康、更快乐、更成功。具体地说，心理健康对大学生的健康成长、全面发展具有以下几方面的意义。

（一）心理健康是大学生成才的保证

实现大学生的心理健康，是大学生心理健康教育的最终目的，而心理健康对大学生成才是至关重要的。心理学研究表明，人的一切思想、行为和活动都是以一定的心理活动为前提的，都是在人的心理调节下进行的。因此，大学生能否成才，在很大程度上取决于其心理是否健康。

首先，大学生的心理健康状况直接影响他们的学业。苏联著名的教育家苏霍姆林斯基说过："教学的效果在很大程度上取决于学生的内在心理状态如何，积极、热情的情绪是推动学习的内在动力。"健康的心态能强化人的智力活动,促进智力的发展,从而有利于学业的完成。心理健康的大学生,精力充沛,学习效率高、效果好。他们有广泛的兴趣、爱好和强烈的好奇心,在完成专业课程的学习后,能广泛阅读各种课外书籍,丰富和完善自己的知识结构。具有健康心理的大学生能正视学习和生活中遇到的各种冲突和挫折,积极克服内外干扰和困难,努力进行自我调节,更好地去适应大学生活,保证学业的顺利完成。而心理健康素质有缺陷的人,即使智商高、聪明过人,却终日被自己的心理问题所困扰,不能正确地对待和处理所面临的困难,要么不能迅速适应自己的新角色,要么不能承受一时的挫折和打击,因而往往不能持久而有效地学习并获得最终的成功。

其次,大学生心理健康状态直接影响潜能的开发。教育的目的之一就是要开发受教育者的潜能。良好的心理健康素质和潜能开发是相互促进、互为前提的,健康的心理,如良好的自信心、积极的情绪、坚强的意志、完善的人格等,能使人的感知变得敏锐、思维趋于灵活、记忆力获得增强、头脑更加清醒、精神更加饱满,因而容易形成新的神经联系,促进大脑机能的发育、心理效能的发挥,最终使其潜能得到充分发挥。

(二)心理健康是大学生提高综合素质的保证

从发展心理学的角度看,每个人生发展阶段都有相应的发展任务,一个人的发展就是不断完成其人生发展任务的过程。而心理健康是完成好这些任务的保证。同时,这些任务的完成情况又会直接影响人的心理健康,两者相辅相成。

心理素质包括智力素质和(心理)健康素质,前者为认知能力,后者主要指人格。大学生综合素质(包括科学素质、道德素质、人文素质等)的提高,在很大程度上要受到心理健康素质的影响。大学生各种素质的形成,要以心理健康素质为中介,创造意识、自主人格、竞争能力、适应能力的形成和发展要以心理健康素质为先导。心理健康素质是激发和促进人的全面发展的内在动力。它不仅影响大学生其他素质的形成与发展,还影响大学生其他素质的发挥。从这个意义上可以说,大学生综合素质的强弱,主要取决于他们心理健康素质的高低。

（三）心理健康是大学生人格健全发展的基础

大学阶段是大学生人格形成和发展的阶段，不仅要重视知识的获得、智能的提高，而且要重视优良品质的形成和健全人格的塑造。健康的心理与大学生的人格发展密切相关，并直接影响个体人格的发展水平。健全人格的标准，其实就是人的心理健康的高层次标准。因此，健康的心理是大学生人格健全发展的基础，它有助于大学生人格的健康、全面及和谐的发展。

（四）心理健康是大学生适应大学生活和未来社会的需要

适应具有重要的意义，物竞天择，适者生存。大学生经过努力的拼搏和激烈的竞争，跨入了大学，进入了一个全新的生活天地。他们如何适应大学的学习方法，适应大学的生活环境，适应大学的人际关系；毕业以后，如何适应工作要求，适应婚姻生活，适应社会竞争等，都与其自身心理健康水平有关。适应能力强的大学生，能够充分利用环境中的有利条件，改变不利条件，求得不断发展，在生存竞争中取胜；而适应能力弱的大学生，与环境不相容，使自己的发展受限，在生存竞争中往往被淘汰。适应能力强与弱在很大程度上取决于心理健康的水平高低。心理健康的大学生，能与现实保持良好的接触，对周围的事物常有清醒的认识，既有高于现实的理想，又不沉湎于幻想，对生活中各方面的问题和困难不回避，积极进取，能以切实有效的方法加以处理。

知识经济时代的竞争，归根到底是人才的竞争。科技的发展、经济的振兴，乃至整个社会的进步，都取决于优秀人才的培养和人才素质的提高。而心理健康水平、心理素质是人才素质系统的基础。因此，大学生的心理健康状态不仅关系到大学生个人的成长，还关系到民族素质的提高，以及整个中华民族的前途和命运。

二、提升大学生心理健康水平的一般方法

大学生的心理健康状况，既关系到大学生个人的成长和发展，也关系到

整个民族素质的提高，以及国家的前途和命运。维护和增进大学生心理健康是高等教育的重要目标，也是每个大学生健康成长的内在需要。影响大学生心理健康的因素既有客观的外在因素，也有主观的内在因素。而外因是通过内因起作用的。因此，要维护和增进大学生心理健康，一方面要调节、控制和改变客观的外在因素，家庭、学校、社会要为大学生创造一个有利于身心健康的良好环境；另一方面，大学生应成为提高自己心理健康水平的主人。

（一）强化心理健康意识

心理健康意识的确立是关键的第一步。心理健康知识是大学生增进自我了解，进而达到自我调节的理论武器。实践证明，系统学习过心理健康知识的大学生，在自我调适、自我疏导方面普遍表现较好，适应能力较强；而那些缺乏心理健康知识的大学生面对各种应激，要么束手无策，要么任其发展，较易形成心理疾病。因此，大学生应认真学习心理健康课程，积极参加心理健康专题讲座，自觉阅读有关心理健康教育的课外读物，登录心理健康网站学习知识或收听、收看有关的广播、影视节目等。

（二）学会自我心理调适

大学生的自我心理调适包括调整认知结构，完善自我意识，学会情绪调节，锻炼意志品质，丰富人际交往，提高适应能力，塑造健全人格等。本书的后面几章将逐一展开阐述。

（三）参加社会实践活动

人的心理是在社会文化交往、社会实践活动中形成和发展的，因而健康丰富的社会文化交往、社会实践活动不仅有利于大学生丰富生活知识和情感体验，增长和发展智能，锻炼意志品质，提高实践能力和心理素质，而且有利于大学生自我教育能力的增强。只有在社会文化交往和社会实践活动中，大学生才能充分发挥自身的主观能动性，才能积极、主动、自觉地进行自主探索和自我发展，并在自我发现、自我分析、自我判断、自我选择、自我解决问题的过程中成长和发展，在参与活动中获得亲身体验和感悟，进而实现

“内化”,促进自身心理健康。

（四）养成健康的生活方式

生活方式是指人们在日常生活中,由个人情趣、爱好和价值取向等决定的活动形式和行为特征。健康的生活方式是一个人身心健康的重要保障。一般来说,生活方式健康的人往往心理健康状况较好,反之则心理健康状况欠佳。对大学生而言,健康的生活方式主要包括：一是作息合理,二是膳食平衡,三是用脑科学,四是运动适度,五是拒绝烟酒。

（五）寻求专业心理咨询

不少大学生在产生心理问题后习惯于自我调适,这是好的。但当心理压力很大、内心冲突激烈时,自我调适有可能难以奏效。此时就应积极取得家庭、学校和社会的支持,争取亲朋好友的帮助,尤其是应及时、主动寻求心理咨询机构的帮助。

现代社会比以往任何社会都更需要健康、优良的心理素质。维护和增进大学生心理健康,首先是大学生自身的事情,只有通过大学生的积极参与和不断努力,才能实现其心理健康与充分发展。

心理健康教育的口号：人人参与心理健康,最终人人达到心理健康。

知识窗

延迟满足实验

延迟满足实验是发展心理学研究中的经典实验,这个实验被用于分析孩子承受延迟满足的能力。所谓延迟满足,就是能够等待自己需要的东西的到来,而不是想到什么就要什么,这是一个很通俗的解释。称为“迟延满足”实验。

实验过程大致如下：

实验者发给 4 岁被试儿童每人一颗好吃的软糖,同时告诉孩子们：如果马上吃,只能吃一颗;如果等 20 分钟后再吃,就可以吃两颗。有的孩子急不可待，把糖马上吃掉了；而另一些孩子则耐住性子、闭上眼睛或头枕双臂做睡觉状，也有的孩子用自言自语或唱歌来转移注意力，消磨时光以克制自己的欲望，从而获得了更丰厚的报酬。在美味的奶糖面前，任何孩子都将经受考验。

研究人员在十几年以后考察了当年那些孩子现在的表现，研究发现，那些能够为获得更多的软糖而等待得更久的孩子要比那些缺乏耐心的孩子更容易获得成功，他们的学习成绩要相对好一些。在后来几十年的跟踪观察中，发现有耐心的孩子在事业上的表现也更为出色。也就是说延迟满足能力越强，更容易取得成功。

从发展心理学的角度来看，3 岁看大，10 岁看老。幼儿时期就可表现出一定的能力。

心理自测

你的生活方式是否有利于健康?

以下是你生活方式的诸多方面，包括工作学习、交际以及其他一些活动方式。设计这个测验的目的在于评价你在生活方式中的选择，测量这些选择对你的健康影响是积极的还是消极的。你的回答将帮助你理解生活方式对于健康的影响。

答题要求：在各项前面的横线上填数字：5＝完全像我；4＝几乎像我；3＝不确定；2＝几乎不像我；1＝完全不像我。

____我在学校表现得很好。

____我对自己满意，不感到无聊或生气。

____我对和别人的关系感到满意。

____我能在想表达时表达出自己的情感。

____我很好地利用空闲时间并十分愉快。

____我对自己的两性关系感到满意。

____我对白天完成的任务感到满意。

____我常常玩得开心。

____我充分利用了自己的天赋。

____我身体很好，充满了活力。

____我注意培养自己的技能和能力。

____我在对社会做贡献。

____我乐于助人。

____生活中，我具有自由和冒险意识。

____多数时候我都感到快乐。

____我觉得我的身体很健康，能应付需求。

____我感到轻松并且精力旺盛。

____大部分时间我感到很放松。

____大多数的夜晚我都能睡个好觉。

____我通常都是愉快地上床睡觉并对白天的生活感到满意。

评分和解释：

把所有数字相加就是你生活方式的得分。90～100分，说明你所选择的生活方式将会促进你的健康。80～89分，说明你在很多方面都做得很好。注意那些你的选择为“1”“2”或者“3”的描述，在这些方面你可能需要再提高一些。61～79分，说明你的生活方式在很多方面都需要改进，这些方面可能会对你的健康有不利的影响。如果你只得了60分甚至更低，那你的生活方式可能会给你的健康带来很大的风险，仔细回顾一下你的回答，特别关注你的选择为“1”或者“2”的选项，并且要下决心在这些方面改进。

（注意：分析结果请咨询专业人员，如临床心理医生、心理咨询师）

资料来源：[美] John W. Santrork：《心理调适》，王建中，等译，高等教育出版社2008年版。

思考题

1. 大学生心理发展有什么特点?
2. 请简述大学生心理健康的影响因素。
3. 大学生心理健康的标准可以概括为哪几个方面?
4. 你怎样看待自己的心理健康?

第二章 “适”时务者为俊杰

在世界上出人头地的人，都能够主动寻找他们要的时势，若找不到，他们就自己创造出来。

——萧伯纳

课前导读

大一新生的“水土不服”

李某，女，18岁，上海某高校一年级新生，性格内向，原籍东北某县，家中有父母和弟弟，深得父母宠爱，上大学前的一切生活事宜均由父母料理。李某上大学后，由于水土不服，不能适应当地的气候条件和生活习惯，不久，因体质虚弱而住院。在生病期间，她同父母商量打算回家，并向老师提出退学要求，老师询问其原因，她说想家、想父母，不能适应学校的生活环境和周围的自然环境。家乡地广人稀，自然环境优美，空气清新；而学校人多嘈杂宿舍拥挤，学校餐厅的饭菜不合口味，生活上很不习惯。而且，听不到熟悉的乡音，自己浓重的地方口音又时常引起别人的讥笑，连开口说话的勇气都没有，总觉得自己是个被抛弃的外乡人。人也变得孤独自卑了，非常想念中学的老师和同学。每天晚上熄灯后就在被窝里哭，久久不能入睡，睡梦中也总是与家人和朋友在一起，每次父母打电话来自己都泣不成声。父母希望自己好好读书，自己也想快乐起来，投入新生活中去，也曾强迫自己学习，但学习上感到吃力，最怕上数学和英语课，没有老师和同学的帮助，自己就学不进去，总担心成绩不好会被淘汰，每天坐在教室和图书馆望着书发呆。最近一段时间老是担心期末考试不及格，让父母着急，心里充满了烦恼和忧虑。她说她以前不是这个样子，现在觉得自己像变了一个人，在学校实在待不下去了，每天就是靠回忆和写信生活，接收书信和接听电话成了生活中唯一的精神寄托。

上述案例是典型的新生适应问题。有关研究表明，大一新生一进入高校，首先面临的就是大学环境适应问题。心理适应是主体对环境变化所做出的一种反应，人们生活的环境处于不断变化中，因此每个人都存在适应问题，都会产生不断适应新环境的需求，适应能力是个体生存与发展的必备能力。面临从中学到大学的转变，许多大学生都曾经历过不适应。适应是心理健康的最基本的标志，是大学生健康成长必备的心理素质，也是个体需要完成的重要社会化课题。人生是一个不断使自己适应环境的过程。其实，从一种生活环境进入另一种生活环境都需要学会适应。面对当今剧烈的社会变革，以及无数的挑战和机遇，谁拥有良好的适应能力，谁就能够获取成功。

适应能力与学业成绩并不是统一的，它不是指现有的具体知识、技术如何。适应不仅与能力有关，而且也与个性有关。适应不是固定不变的，它具有灵活性，并能充分地开发。大学生能否迅速进入新的角色，迅速适应新的环境，很大程度上取决于他的心理素质如何。心理素质好的同学，随着环境的变化，能进行自我调整，在新的环境中找到自己的朋友，建立新的友谊，开拓新的生活空间，产生新的归属感和稳定感，能排除各方面的干扰，很快投入新的环境中，步入学习生活的正轨；相反，大学生如果不能很快适应新的环境，产生适应障碍，则会影响心理健康。适应表现于生活的各个方面，虽然细小，却对个人有着极大的影响，它是大学生走向成功的基础。

第一节 大学生环境适应的心理问题

对于大学生来说，适应问题是心理问题中出现较多的一个问题。大部分新生随着对大学环境的了解、熟悉以及自我调节，经过一两个月便能基本适应大学生活。但仍有少数新生缺乏独立生活的经验，独立性差、情感依恋强烈、心理脆弱，适应起来比较困难。这类新生在辅导员和同学们的帮助下，通过树立信心和积极的实践锻炼，是可以逐步改变和适应大学生活的。

为什么进入大学后，我不再像以前那样优秀？为什么我总摆脱不了思乡的愁绪？为什么周围的环境总是和我格格不入？对正处于学习、成长过程中的大学生来说，能否正确地处理这些问题，适应大学的学习、生活环境，是影响大学生顺利完成大学四年学业的基础，培养好大学生的适应能力也是大学生将来在社会中继续发展的重要因素。

大学展现给大学生的是一个全新的、陌生的面貌，自我的不断觉醒，不一样的校园文化环境、生活环境、学习环境以及人际关系的变化，必将给大学生带来学习、生活、社交方面的适应问题。具体的可以从以下几个方面来分析。

一、角色适应-角色的改变

人在不同的时期、不同的文化环境中，角色期望和行为方式都不同。每个人都不可避免地主动或被动地转换着自己所应承担的角色。当他还没有充分的心理准备和经验时，常常会碰到这种角色转变带给他的许多困惑。大学生从家庭到学校，再从学校到社会，这个是他们角色逐渐成熟的重要历程,在大学期间完成这些角色的转变,是适应生活的关键。

由于高考的压力,许多家长为了能使孩子专注于学习,包揽了所有本应由学生自己管理的事情,甚至还限制了孩子正常的社会交往活动和业余爱好。当这些孩子进入大学开始独立生活时,由于缺乏一定的自我管理能力和必要的社会适应能力,面对生活中新出现的各种问题和复杂的人际关系,以及学习环境和学习方式的变化,会表现出强烈的不适应。孤独、自卑、焦虑、苦闷是大学新生中常见的心理问题。

大学生在大学期间的主要角色是学生,除了学习知识外,发展自己各方面能力,为步入社会做准备也尤其重要。从中学跨入大学,远离家人,仿佛昨天还是个可以依赖父母的孩童,一下子就被要求成为独当一面的成人。面对这种突然的变化,面对家长的期望和自身的责任,面对诸多的学习压力、生活压力、人际关系压力、就业压力,许多大学生表现出角色适应困难。

二、社会冲突适应

大学生是社会生活中最活跃、最敏感的群体。时代的变化和冲击在他们的心中引起的激荡是最明显和最激烈的,主要表现如下。

(一)自我观念的冲突

大学生的自我意识在大学期间逐渐加强,呈现多元化,心理体验深刻、敏感,自控能力增强等特点。同时,在自我意识分化和统一的过程中,又表现出许多冲突和不适应,具体表现如下。

理想自我与现实的冲突。大学生作为同辈中的佼佼者,通常在脑海里设计出自己的美好未来。然而,由于大学生的实践经验不够,这种理想往往在现实的种种障碍下无法实现,理想自我与现实的冲突给他们带来了很大的痛苦与烦恼。这种矛盾如果不能及时加以调适,就会导致自我意识的分裂,从而引发一系列心理问题。

独立与依赖的冲突。大学生的独立意识在进入大学以后迅速发展,一方面他们要求能在学习和生活的各个方面像成人一样独立,另一方面却又表现出在选择和矛盾时对父母和老师的依赖性。这种独立与依赖的冲突一直困扰着大学生。

交往与封闭的冲突。大学生渴望理解，渴望与同龄人交往，建立真诚的友谊，然而大学生又同时有着自我封闭的倾向，特别表现为人际交往中的矛盾和冲突，这使许多大学生忍受着内心孤独的煎熬。

自尊与自卑的冲突。大学生渴望被尊重和实现自我，但当他们在竞争中受挫时，往往又很容易表现出怀疑自己、否定自己的自卑心理，这种矛盾使大学生对未来既充满希望又有些畏惧。

大学生在自我方面的种种冲突困扰着他们的精神世界，但这也正是一种动力，处理得好就能促使大学生不断进步；否则就会停滞不前，甚至出现倒退。

（二）价值观念的冲突

大学生的生活适应与发展是受一定的价值观念支配的，科学的价值观和价值参照标准，使得大学生在现代化的生活方式面前，可以选用现代价值观去观察生活、分析生活，从而适应生活、驾驭生活。价值选择困难是大学生生活适应和发展困难的重要原因。当代大学生面临的价值选择是复杂和多样的。由于社会处于转型时期，各种纷繁复杂的价值观念传播迅速。这种多元化价值观念并存的局面，造成了当代大学生选择价值观念的困难。同时，现代化的发展使得旧的价值观不断被打破，而新的价值评价体系还处于不断的探索和确立中，造成整个社会出现暂时性的价值准则空缺现象，使得大学生在健全自身价值体系时失去了社会价值准则的参照和指导，处于迷茫、徘徊和不知所措的境地。

（三）人际关系的冲突

改革的深入和现代化的推进，大大拓宽了人们的生活空间，也拓展了人际交往的范围。对于正处在学习、成长过程中的大学生来说，良好的人际交往能力不但是大学生所需要的，也是将来走上社会所需要的，从某种意义上说，人际交往的能力是大学生社会适应能力的综合体现。市场经济下现代大学生的竞争意识、独立意识普遍增强，竞争和对自身利益的关注使得大学生人际关系的冲突增加，加上社会传统的人际交往模式被打破，适应现代生活的人际交往模式还没有完全形成，致使大学生在人际交往中产生困惑与强烈的心理冲突。

（四）文化的冲突

改革开放使大学生开始接触到西方文化，西方文化中那些尊重个体、强调科学、崇尚理性的精神，强烈地冲击着中国传统文化中轻科学、轻个人的价值观念，也吸引着现代化进程中的大学生。同时，中国传统文化中重整体、重和谐、重伦理的智慧与精神，也在现代文化的发展过程中被忽略，在这种扬弃中国传统文化与西方文化，推进现代文化发展的过程中，许多大学生出现了文化心理的混乱和失衡。

每个大学生在面临诸多压力和生活改变时，不管他们有意识还是无意识，都会有自己的一套适应生活的方法和机制，其中有积极的、成功的，也有消极的、失败的。他们潜意识中的防御反应及适应方式有许多种类，心理学家称这些内心的适应方式为投射、压抑、升华、否定，等等，总称为人的自我防御机制。

这种心理防御和适应的方法，每个人或多或少都会在生活中应用并产生作用。由于个体的成熟和健康程度不同，每个人使用的种类、范围和程度均有不同。但有些人由于习惯性地不敢面对挫折，或由于个人的极端不安而逃避人生，就会滥用这些防御机制，导致个人最终与现实脱节，不能适应生活。

总之，心理防御的方式是每个人都经常使用的，在人的心理世界中占有重要地位，也是人们适应生活的方式。

环境总在不断变化，我们应当在实践中不断提高自己的心理控制能力，学会在复杂的外部环境中整理、分辨、选择、回避，更有效地把握现实环境中有利于自己生存发展的信息。这样，我们就会拥有突破困难、把握成功的自信和自由，同时实现自我、发展自我。

三、适应性障碍的主要表现

大学生适应性障碍概括起来有以下五个方面。

（一）因理想与目标的失落而引发的茫然

大学生未进入大学前，高考是前方一盏明亮的灯，同学们你追我赶地向着这一目标奔跑，虽身心疲惫，但目标十分明确，因而有强大的动力作支撑。进入大学后，还没有选定新的目标，前方不再有明灯，这种无目标、无动力的状况，使相当一部分学生显得失落和茫然。许多学生提不起学习兴趣，不少学生得过且过。多数学生进入大学后，需要相当长的一段时间进行摸索和适应，然后才能从彷徨中找到自我，确立新的目标。在新的目标尚未建立之前常出现情绪低落、彷徨迷失的现象，这在大学新生中并不鲜见。

大学是多数大学生心目中的神圣之地，在进入大学前，他们往往在头脑中勾画出一幅色彩斑斓的理想蓝图：宽敞明亮的教室、雄伟壮观的图书馆、现代化的教学设施、花园般的环境、知识渊博的教师、温文尔雅的同学……对未来大学生活美好的憧憬在很大程度上成为他们在中学刻苦努力的动力。跨进大学校门后，起初会对陌生的校园产生一种新鲜感，一段时间过后，就会发现现实中的一切并非如想象中的那样完美无缺、尽善尽美，现实中的大学生活环境与美好的想象存在着相当大的反差。这些往往会使一些大学生产生失落感，感到大学不过如此。于是，有些人的热情转化为消沉，希望转化为失望。

（二）因中学与大学的“落差”引发的心理失衡

经过高考“拼杀”的大学生，自然不是弱者，特别是一些名牌大学的学生，许多人都是中学时代的佼佼者，是老师眼中的尖子，家长心中的宠儿，不少人还是学生干部，不时受到老师的表扬、同学们的赞许，这使他们很容易在心理上产生某种优越感和自负情绪，总认为自己比别人强一些，考上大学后更是身价倍增，亲朋的赞扬、同学的羡慕、老师的青睐、父母的骄傲，使他们极大地提高了自信心，但同时也使他们滋长了过高的自我评价。他们带着良好的自我感觉进入大学校园之后，突然发现自己只不过是一名普通的大学生。在强手如云的新的班集体中，面对新一轮的排列组合，昔日那种“鹤立鸡群”的优越感已荡然无存，“常胜将军”的桂冠也不翼而飞，周围同学的水平相当，各有所长，一些同学很难再得到昔日他人投来的羡慕目光，耳边也没有赞赏的话语，过去众星捧月的地位一下子变了。许多在中学担任学生干部的同学到大学后不再是学生干部，许多在中学成绩优秀的同学到大学后变成班级中成绩中下水平的学生。面对这种现实，他们在心理上有严重的失落感，每当看到别人风风火火地开展工作时，心中不免产生怀才不遇的感觉。有的人觉得技不如人，从而对学习失去兴趣和信心，有的人出现焦虑，这种心理上的落差使他们原有的优越感和自豪感变成了自卑感和焦虑感。

（三）学习方法的不适应

大学与中学在学习任务、学习目标、学习内容和形式上都不同，刚进校不久的大学新生，相当一部分会有许多的不适应。

(1) 大学的学习内容不再像中学那样仅仅是学习各学科的基础知识，而是在中学学习的基础上，大大增加各学科的知识广度和深度，并从常识上升到理论，从理论联系到实际。

(2) 大学的学习性质不再像中学那样只需掌握现成的知识，而需要在掌握知识的同时，探索知识的形成过程、知识获取的方法以及各学科中存在的理论和实践问题，做到知其然还要知其所以然，有所学习、有所探索、有所发现。

(3) 大学生的学习形式变得多样化，不再像中学那样局限于课堂教学，而是更加丰富多样，听学术报告、查阅资料、外出考察、参加实习，进行社会调查、社会服务等，都是大学生不可缺少的学习形式。

(4) 大学生不再像中学那样主要依靠老师的指导和督促来学习，而是以自我组织、自我管理为主，教师指导、督促为辅。大学生除参加必要的课堂教学活动外，大部分时间都由自己安排，选修课也由自己选定，因此，从学习时间到学习内容都有较大的自由支配的余地。

(5) 处理不好学习专业知识和参加社会活动的关系，处理不好学习与文体活动的关系，不会调节学习和休息，不会制订科学、可行的学习计划。也有一些大学生在学习上有一种“船到码头车到站”的松劲心理，学习动机的强度明显减弱，没有正确的学习目标，缺乏较强的学习动力，不思进取，得过且过，致使他们的学习成绩不理想，对大学学习产生困惑和无所适从，甚至产生了焦虑和自卑心理。

(四) 人际交往的障碍

不知道怎样与来自不同家庭、不同社会背景的人相处，是一些大学生人际交往障碍的主要表现，由此而引发的人际矛盾和心理不适往往给他们带来许多烦恼。上大学前的单一的学习和生活内容，使部分大学新生的心理发展水平仅保持在较为简单的状态，因而对大学里丰富多彩的集体生活和多种多样的人际关系难以适应。有的学生与同宿舍的同学长期关系冷漠，稍有不和就恶语相向；有的学生不愿与人交往，很少参加集体活动，缺少朋友，把自己封闭在一个独立的天地里；还有学生奉行“我行我素”的处世准则，过于关注自我，注重自我在人际交往中的地位，过于考虑自己的需求，而忽略他人的需求，对别人缺乏关心，导致了人际关系中的自命不凡和过于敏感挑剔。这些学生可能会出现因人际关系失调造成的焦虑不安、心慌意乱、孤单失落、寂寞失眠、注意力分散，甚至社交恐惧等症状。

(五) 自理生活能力较差，“恋家”情绪严重

不少大学生长期生活在安逸的环境中，他们从童年到进入大学前，都是在家长和老师无微不至的关怀中度过的，生活上养成了饭来张口、衣来伸手的习惯。特别是在高考前，作为家里的重点对象，形成了以自我为中心的生活模式，习惯接受别人的关心，习惯过别人为自己安排好的生活。同时，在长期的老师“包教包学”的“保姆式”教学之中，他们的独立能力没有得到很好的培养，他们的生活主动性和自理能力比较差。进大学后，他们从中学时代那种被家长、教师管束的状态中“解放”出来，这种环境的改变、角色的转

换以及年龄特点，使广大学生产生独立自我意识，他们希望摆脱依赖，按自己的意愿去做自己该做的事。相当部分的学生能逐步适应这种环境和角色的转变，能较好地安排好生活和学习。但有些学生生活自理能力差，不能适应环境的改变，他们不能较好地处理生活中的一些问题和困难，不会管理生活，不会管理钱物，不会管理时间，甚至对一些最基本的生活问题束手无策。他们怀念旧友、怀念家长，一些新生更是无法从心理上摆脱对家庭和亲人的依赖，出现严重的“恋家”现象。

（六）一些经济拮据和来自农村的学生自卑感强

近年来，大学生经济意识浓厚，许多人关注钱物。特别是来自富裕家庭的大学生穿着时髦，出手大方，有的甚至挥金如土以炫耀自己高人一等，是新生中的“贵族”。相比之下，更多来自普通家庭的学生，穿着打扮朴素，家里每月寄来的固定生活费使他们囊中羞涩，有些甚至因处处省吃俭用而被认为“小气”。

有些来自经济不发达地区的农村和下岗职工家庭的大学生，因家庭的贫困，便在心理上有一种处处不如人的自卑感。为了避免被人看不起，有的学生不得不省吃俭用，买新衣服“包装”自己，然而他们的心里却充满恐惧和空虚。这种心理上的尴尬、经济上的拮据是他们在高中时期没有经历过的，导致有些学生心理上产生了困惑、冲突和挫折感，滋长了爱慕虚荣或自卑的情绪。还有的学生因为满口的家乡话，穿着、举止、动作显得土里土气，常引起同学们哄笑，自己觉得很难堪，又感到自己没有文艺才能，有一种先天不如人的感觉，于是感到自卑、心烦。这些现实事例，是当前某些大学生在学习、生活中的真实写照。

第二节　大学生心理适应问题的调适

从中学生到大学生这一阶段，心理上的变化和矛盾往往相互作用，这一过渡期虽然是短期的，但其心理适应问题的负面影响也是不可忽视的，如果不及时解决，还会给后续的学习、生活留下“后遗症”。如何缩短衔接过程，克服在心理转型过程中的各种心理问题，加速形成新的、积极的心理状态以尽快适应大学生活，是大学新生亟待解决的问题。

从学校来讲，必须强化大学新生入学适应期的教育，通过发挥辅导员、班主任、任课教师和学生骨干的作用，对刚入校的新生进行心理教育、思想政治教育、指导学习方法的教育、适应大学生活和人际关系的教育；从学生来讲，必须通过一系列学习和实践，努力提高自身的心理素质，尤其要注意做好以下五个方面的转变工作。

一、尽快转变和确立新的理想目标

进入大学之后，首先应当迅速地由过去的升学目标向现在的成才目标转变。可以说，在小学和中学阶段奋斗的直接目标就是为了考大学。进入大学以后，除部分有志继续攻读研究生者外，对多数人来说，理想目标已经实现，原有的动机也随之减弱或消失，学习的努力程度和奋斗精神就将弱化，若不及时加以调整，确立新的理想目标，就会出现“理想真空”。有些人会无所事事地混日子，浪费宝贵时光，导致成绩迅速下降，甚至萌生一些错误的想法。

无数大学生的成长历程说明，大学期间有无正确的目标，直接关系到大学生的成长和发展，直至毕业后的前途。因此，大学生要充分认识到进入大学并不是人生追求的最终目标，它只是人生旅途中的一个新起点，应当在更高的境界上有新的追求，把自己培养成走向社会的独立工作者和社会需要的高级专门人才，在实现目标的过程中，逐步形成科学的世界观和人生价值观。大学生选择和确立目标必须以社会需要为基础，以高校培养目标为导向，以个人的实际条件为杠杆。

（一）要考虑现实社会的需要

作为大学生，选择目标的目的归根到底是为了促进自己更快更健康地发展，以便将来更好地服务社会，成为受社会欢迎的人才。从这种意义上说，现实社会的客观需要是大学生选择目标的基础。马克思主义的人性学说认为，人的本质属性是人的社会属性，人不能脱离社会生活而独立存在，不可能随意超越社会现实的发展规律。如果我们选择的目标脱离自己生存的社会现实，或者不符合社会的需要，这样的目标只能是空中楼阁。现在，全面建成小康社会是全国人民的共同理想，也是现实社会的客观需要。因此，全面建成小康社会的需要，是我们大学生成才的动力源泉。全面建成小康社会需要各种人才，我们应该据此来确定自己的目标，把个人的目标同全面建成小康社会的需要结合起来。

（二）要依据高等学校的培养目标

我国高等学校的根本任务是培养德、智、体、美全面发展的社会主义事业的建设者和接班人。根据这个根本任务的要求，高等学校所培养的人才，应该有理想、有道德、有文化、有纪律，热爱社会主义事业，努力学习和掌握马列主义、毛泽东思想、邓小平理论和“三个代表”重要思想，具有为国家富强和人民富裕而艰苦奋斗的献身精神，具有实事求是、独立思考、勇于创造的科学精神，应该不断追求新知识，努力掌握现代科学文化知识。在这个总的培养目标前提下，各类学校各专业又有自己具体的培养目标。离开了高校的培养目标而盲目地进行自我设计，对国家是一种浪费，对个人也是一种损失。

（三）要考虑个人的实际情况

离开自己的实际情况选择目标，往往过高或过低，这对自己都是不利的。如果对自己估计过高，目标定得不切实际，势必损害自己的信心，妨碍自己的发展；如果对自己估计过低，目标定得过低，其结果是目标起不到激励作用反而导致松懈，严重影响自己潜力的发挥，达不到国家和社会对大学生素质的要求。因此，选择和确立目标一定要慎重，不可忽视对自身条件认真、全面充分的估计。

一旦确定目标，就要全力以赴地追求，锲而不舍地努力，不要轻易放弃，切忌“三天的热度”，切忌浅尝辄止。

在实现新目标的过程中，如果发现原定的目标过高或过低，那就要果断地调整。只有做出明智的调整，使目标处于动态之中，才能更全面、更健康、更快速地发展起来。

二、转变心理状态，正确认识自我

在大学生活中，重新找到和摆正自己的位置，正确认识自己、估价自己，主动接纳自己，将会极大地影响大学生的适应过程。每位踏进大学校门的学生都应当认识客观变化了的环境，不要仍然停留在中学时代的心理水平上，要从自我满足与优越感中跳出来，要知道中学时代的所有成绩、荣誉已成为过去，自己所面临的将是崭新的更加艰苦的任务，新一轮竞争已经开始，大家在新一轮的排列组合面前是站在同一起跑线上，是完全平等的，一切从零开始。正确认识自我，也正确认识他人。既要看到自己的实力，树立自信心，也要看到自己的不足。如果入学后，学习成绩不断下降或表现不如以前突出并非是个人因素的影响，没有必要为此自卑而丧失信心，要认识到大学同学来自全省乃至全国各地，其中必然有一部分同学比自己更突出。进入大学后，由于学习基础、学习方法、学习动机、适应能力以及个性特征等方面的差异，在大学班集体中的学习名次会有 个新的组合和排列，每 个班级都有几个同学更突出些，而名列前茅者总是少数，多数同学会排在中等位置。但事实上这些所谓“中等”同学在学习和各方面也都不错，因为大学的总体水平是高的，要看到每个人有所长也必有所短，切不可盲目自信或盲目自卑。要勇于竞争，下决心，立大志，不甘落后，奋起直追。这样就会在新的竞争中，变劣势为优势，进而超越别人和超越自己。总之，要以平静的心态去审视一切，以积极饱满的精神去迎接新的挑战。

三、尽快掌握大学的学习方法

对大学学习方法的不适应最易使大学生情绪波动和自我评价发生偏

差。面对学习环境、学习课程和教师授课方式的转变，大学生必须采取适当的对策，摸索适应大学的学习方法。除了向有经验的高年级同学请教，接受任课教指导和辅导员、班主任的帮助外，还应从以下几个方面摸索和掌握学习的方法：

（1）自身要正确认识大学学习的特点，做学习的主人，通过自主学习的实践，逐步养成自学的习惯，培养自学能力。

（2）要克服学习方法的惯性，尽快改变中学时被动的、听命于老师的、满足于死记硬背的学习方法，树立主动、独立、勤于思考的学习观念。从个人实际出发，逐步摸索出与自己水平、基础和大学教学相适应的学习方法。要根据大学的课程特点、教学内容、教学形式和教学方法以及教师的个性特点，不断地进行调整，主动适应大学学习的特点。

（3）要把转变学习方法与转变思维结合起来。例如，在中学时代，我们的学习较多研究事物在相对静止状态下的问题，偏形式逻辑思维，而大学的学习重在研究事物的运动、变化、发展过程中的问题，偏辩证逻辑思维。这种辩证思维贯穿着整个大学的教学过程，它对学习方法有着直接的影响；反过来，学习方法的转变又会促进辩证思维的发展，两者是相辅相成、相互促进的。

（4）要学会善于支配时间，安排学习计划。在学习精力和时间的支配上，刚入学的最初阶段应该集中在学好规定的课程上，而不是急于过多地阅读与课程无关的书刊。要养成预习、复习的好习惯，抓好听讲、记笔记、练习、答疑等几个环节，学会利用工具书、图书馆等条件，要处理好学习与体育锻炼、文娱活动、社会活动及睡眠的关系，还要注意合理的营养，以满足脑力和体力劳动的消耗。当学习中遇到困难时，要不畏惧、不气馁。经过一个阶段的努力，培养起新的学习习惯，就会逐步适应新的生活，进入大学阶段学习的自由王国。

四、学会理解他人，建立和谐的人际关系

同学关系的和谐，带给大学生的是积极、友谊和温暖，有助于个人才能

的发挥和人格的全面健康发展；反之，则会给个人带来许多烦恼和痛苦，对身心健康也会产生消极的影响。大学生要认识到，人基本的需要是归属需要，即个人必须生活在集体之中，被集体接受和承认，离开了集体，个体是无法生存也无法发展的。一个班级或一个宿舍犹如一个大家庭，同学们来自不同的地区，文化背景、家庭环境、个人经历、思想观念、思维方式、生活习惯等各不相同，同学之间存在差异或产生矛盾是完全正常的，对此应有充分的理解。应努力从自身做起，遇事多从对方角度着想，给别人以更多的宽容和理解。因为良好的人际关系首先来自双方相互尊重、相互理解、相互信任的态度。大学生还要采取积极、主动的方式与同学交往，在实践中发展和改善人际关系。如果过于拘谨畏缩，缺乏交流沟通，人际关系便无从谈起。大学新生还要努力学习和掌握基本的人际沟通技巧。

五、积极适应大学新的生活方式

首先，要认清大学生活方式的特点，大学生活的最大特点就是要求学生自主独立，不论是衣食住行，还是学习交友，乃至认识社会和人生，都要依靠自己的知识和能力去思考、判断、选择和行动。要充分认识大学表面舒缓、内里紧张的生活方式的特点，分清大学生活的主次，学会做生活的主人。努力创造条件，形成有张有弛、有节奏、有规律的生活方式，以达到学习、生活、休息的和谐统一。

其次，要学会自我控制情绪，如果在大学生活适应过程中遇到不愉快和烦恼的事，可以找老师、好朋友和亲友谈谈，从他们那里得到帮助。同时，不良情绪也得到宣泄，从而使自己顺利克服困难，更快地适应大学生活。

再次，要正确对待同学之间的差异。有自卑感的少数学生，要正确看待由于生活背景和学习环境不同所造成的同学之间的差别，要正确认识自我，看到自己的优势，坦然对待成长环境中带来的种种差异，不要总是拿自己的缺点跟别人的优点比，消除自卑感，增强自信心，形成悦纳自我的积极态度，在新的学习环境中健康成长。

第三节　大学生社会适应能力锻炼

到了大学以后，由于交往范围的扩大，人际关系也会呈现复杂化的特点。新生往往由于缺乏人际交往经验，很容易在处理人际关系时出现问题，产生心理负担，影响正常的学习生活。

在大学里，我们要面对的人际关系主要有师生关系、同学关系、宿舍关系、同乡关系、朋友关系、恋爱关系和家庭关系等。我们应如何处理好这些关系呢？

一、师生关系的处理

很多新生发现，除了上课，很难见到任课老师，甚至见到班主任或辅导员也颇不容易。在大学，老师只把握大的方向，具体的学习和工作大多由学生自己完成。这让许多在中学依赖惯了老师的新生感到一时难以适应。在处理师生关系上，有两种极端表现值得注意：一种是对老师过度依赖和顺从，缺乏主动性和独立性，事事等着老师决定、安排，老师没安排的课程不主动学，老师没指定的书不主动读。这类学生以完成基本学分为目的，对自己缺乏更高的要求。另一类学生从听命于老师的安排，受老师管束的中学生活中解放出来，不能把握大学宽松自由的学习方式，走向另一极端，一切由自己做主，做事不与任何人商量，视老师指导为多余，安排学习随意化，甚至完全凭个人决定，导致偏科、知识结构不合理，影响学业成绩。

能较好适应新的师生关系的学生，就能自己确立好学习和发展目标，制订好学习计划，安排好时间表，能自己检查学习效果，出现问题能主动找老师征询意见，请老师帮助解决困难，能主动定期向老师汇报学习状况，提出计划与老师共同探讨。

二、宿舍同学关系的处理

人际关系中问题最多的是同学之间的关系。大学生在基本摆脱了对家长、老师的依赖后，生活的主要场所转到宿舍，能否与朝夕相处的同学，尤其是与同宿舍同学建立良好的人际关系就成了一个关键问题。

宿舍是大学生在校期间活动时间最长的地方。宿舍关系处理得好，可以培养集体观念，锻炼处世能力，改善同学关系。良好的宿舍关系可以使大学生愉快地度过大学时代的生活，给未来留下美好的回忆。但由于一个宿舍的同学来自不同的地域、不同的家庭，生活方式、价值观念以及个性特征都存在很大差异，因而也容易产生矛盾，如果处理不好，也会影响大学生的心理健康。

宿舍关系大致有三种类型：一是紧张型。宿舍成员之间关系紧张，钩心斗角，气氛沉闷，时有冲突发生。二是相容型。宿舍成员之间虽不十分密切，但能遵守集体生活原则，成员之间无大的冲突。三是亲密型。宿舍同学之间关系密切，学习、生活上互相帮助，自觉遵守宿舍规范和值日制度，生活有规律、配合默契。

关系紧张的宿舍有的是由于拉帮结派造成的，有的是由于个别同学不良品行或习惯引起的，还有的是由于个性或价值观念不同引起的。要改善宿舍关系，彼此和睦相处，应注意以下几个方面。

（一）相互理解，学会包容

要理解每个人的生活习惯和价值观念，如果你与别人生活在一起，你就要连同他的生活方式一同接受，适应彼此的生活习惯。一个宿舍中，每个人都有各自的生活习惯：有的人喜欢安静，有的人喜欢热闹；有的人非常懒散，有的人非常勤奋；有的人喜欢早睡早起，有的人喜欢晚睡晚起；有的人喜欢洁净，把铺位收拾得井井有条，有的人不拘小节，大大咧咧。这些习惯都是长期生活养成的，一时难以改变，因此大家要学会相互理解，相互适应。但适应并不等于放弃原则，否则，就是消极适应。有的人委曲求全，处处忍让，一味迁就别人，看起来与世无争，其实是心存畏惧、压抑的表现。当然，要想处理好同学关系，必须动脑筋，讲究方法技巧。比如，同宿舍的人喜欢卧床谈心，自己不习惯又无法改变，那么就要调整自己的计划：或推迟睡觉时间，或听英语磁带、看看书。要注意避免当众给别人提意见，因为这关系到当事人的面子问题。

对自己而言，要自觉养成良好的生活习惯，对他人要学会宽容。有的人，过分看重自我，以自我为中心，言谈举止不考虑别人的利益，缺少宽容。这种人在群体中往往不受欢迎，容易成为群体孤立的对象。宽容，是人的一种美德，学会包容是大学生处理宿舍关系的一项重要原则。当然，包容是有原则的，对于不良品行和不良习惯就不能听之任之，否则，就是纵容。如有的人习惯深夜上网，或酗酒、吵闹，或随便占用别人的东西，如果你碰到这样的情况就不能置之不理，要委婉地提出意见，或进行适当的自我调整。

（二）求同存异，善于沟通

在与同学相处的过程中难免会发生争执、矛盾，这是很正常的现象。但这里的关键问题是要学会化解矛盾，而不是激化矛盾或积累矛盾。大学生都是青年人，具有青年人的朝气蓬勃、奋发向上、积极进取的特点，在出现矛盾时，要善于从分歧中找到共同点，学会求同存异，加强沟通，彼此开诚布公，切忌相互猜疑，心存芥蒂。

（三）互助互爱，彼此尊重

宿舍如同大学生的第二个家庭，在这里大家要共同度过几年时光。彼此之间如同兄弟姐妹，应互相帮助、互相关爱。尤其是当个别同学遇到学习困难、经济困难或出现情感问题与身体不适等需要帮助时，宿舍其他同学要及时伸出援助之手。同学相处是一种缘分，走到一起不容易，要注意彼此尊重、互助互爱、友好相处。

（四）要尽快转变角色

上大学之前，许多学生都是父母的掌上明珠，备受关爱，一些独生子女尤其如此。长此以往养成了只知索取与接受、不懂奉献和给予的习惯。与他人相处，总是处处以自己为中心，争强好胜。本该自己做的事情，如值日、打饭打水等，总是指望别人代劳。殊不知大家同样都是家中的宠儿，一样受父母疼爱，别人也有同自己一样的权利，自己也有与别人一样的义务。之所以会出现这样的问题，主要是因为没能及时转变角色。人的一生要担当许多角色，如家庭角色、组织角色、社会角色等。人在不同的环境中要扮演不同的角色。以大学生为例，在家庭中的角色是父母、长辈眼中的宝贝女儿、儿子或孙子、孙女，在家过惯娇宠的生活，说一不二，一旦到了学校，其角色就是学生，在宿舍中不能还扮演家庭角色，而要以一名普通学生的身份来要求自己。同学之间关系应是平等的，没有等级差别，只有这样，大家才能和平友好地相处，为顺利度过大学时代奠定一个良好的基础。这种角色的转变，除了自觉之外，还应制订制度加以调整，如制订相应的宿舍规范约束各人的日常行为，对实现角色转变、形成和谐的人际关系能起到一定的促进作用。

三、异性同学之间关系的处理

异性之间的交往是人际交往关系的重要组成部分，也是衡量大学生交往能力的一个重要标志。社会是由两性构成的，如果一个人不善于与异性交往或处理不好与异性之间的关系，其交际能力就是不全面的。同学之间异性交往可以增进相互了解，获得异性的信赖和友谊，还能消除对异性的神秘感，促进男女情感世界的稳定。与异性交往也是青年学生获得真挚爱情的必要前提。

有人不相信男女之间会产生纯洁的友谊，只要一看见男女生在一起，就认为是在谈恋爱，或关系不正常，这种看法是错误的。异性友谊不等于爱情，爱情与异性友谊是有区别的，重要的是大学生能把握好友情与爱情之间的界限尺度。

调查表明，多数同学希望与异性交往。但在现实生活中，有些同学担心与异性交往会招致非议，表现拘谨；有的同学与异性交往时，感到脸红心跳、手心出汗，不自在。从心理健康角度讲，如果缺乏和不善于与异性交往，常常会造成无名的烦恼，导致心理适应不良，引发“异性交往恐惧症”，甚至会妨碍今后的恋爱与婚姻。

大学生应如何处理好与异性之间的关系呢？

首先，端正交往动机。以正确的人生观和道德观为基础，发展健康、文明的异性关系。

其次，广泛交友，以获得更多的友谊。要多参加男女同学共同参与的活动，与不同的异性交往，可以从不同人身上学到更多的东西。

再次，保持适当的人际距离，注意把握分寸。异性之间的友谊发展有两种可能：一是发展为爱情关系，二是继续保持朋友关系。如果不想发展为爱情关系，则要把握好友谊与爱情的界限，以免让对方误解，错把友谊当爱情。

最后，异性交往不要有过多的单独活动，即使客观上需要，也要选择适当的环境与场所。

遵循上述原则，就会有健康的异性交往，就会在异性之间建立起良好、和谐的人际关系。

人际交往范围很广，除了以上所谈到的这些内容外，还有同乡关系、朋友关系、恋爱关系、社会关系等，处理好这些关系，同样非常重要。这些内容将在之后的篇章中涉及。

人际交往是一门学问，也是一种艺术。掌握这门学问的关键，在于个体对人性的了解和把握，了解自己的长处与局限，并不断充实自己，便可以坦然地与他人相处，在人际交往中不断发展、完善自己。

知 识 窗

时间管理的帕累托原则

这是由19世纪意大利经济学家帕累托提出的。其核心内容是生活中

80%的结果几乎源于20%的活动。比如，是那20%的客户给你带来了80%的业绩，可能创造了80%的利润，世界上80%的财富是被20%的人掌握着，世界上80%的人只分享了20%的财富。因此，要把注意力放在20%的关键事情上。

根据这一原则，我们应当对要做的事情分轻重缓急，进行如下的排序：

A. 重要且紧急(比如救火、抢险等)——必须立刻做。

B. 紧急但不重要(比如有人因为打麻将“三缺一”而紧急约你、有人突然打电话请你吃饭等)——只有在优先考虑了重要且紧急的事情后，再来考虑这类事。人们常犯的毛病是把“紧急”当成优先原则。其实，许多看似很紧急的事，拖一拖，甚至不办，也无关大局。

C. 重要但不紧急(比如学习、做计划、与人谈心、体检等)——只要是没有前一类事的压力，应该当成紧急的事去做，而不是拖延。

D. 既不紧急也不重要(比如娱乐、消遣等事情)——有闲工夫再说。

心理自测

青少年心理适应性量表(APAS)

下面这些问题都和你在学校、在家里的行为有关，请你回忆自己过去半年以来的表现，和下面的20种情形比较一下，每题后面有5个数字，它们的意思是：

“1”——所说情况与你的情况符合程度是100%；

“2”——所说情况与你的情况符合程度是70%～80%；

“3”——所说情况与你的情况符合程度是50%左右；

“4”——所说情况与你的情况符合程度是20%～30%；

“5”——所说情况与你的情况完全不符合。

请你根据这个标准，在每题后面选择一个数字，用一个圆圈把它圈起来。

	1 非常符合	2 比较符合	3 有时符合	4 不太符合	5 不符合
1. 我的考试成绩常低于我真实的学习能力和水平。	1	2	3	4	5
2. 我喜欢尝试我从没吃过的、味道或名称古怪的食物。	1	2	3	4	5
3. 到一个新地方，我常消化不良、皮肤过敏或失眠。	1	2	3	4	5
4. 我参加正式运动会的成绩比体育课或平时练习成绩好。	1	2	3	4	5
5. 该背的课文已经背熟了，可是一到课堂上背就出差错。	1	2	3	4	5
6. 我开会发言时不紧张，措辞自然，临场发挥自如。	1	2	3	4	5
7. 我冬天比别人怕冷，夏天比别人怕热，夜里比别人怕黑。	1	2	3	4	5
8. 在嘈杂混乱的环境中，我照常做手里的事且效率不低。	1	2	3	4	5
9. 体检时，我的脉搏、血压等指标因为紧张而比平时高。	1	2	3	4	5
10. 如果需要，我可以熬一个通宵，精力充沛地做事。	1	2	3	4	5
11. 当家里有人来，父母让我去见客人时，我不想去。	1	2	3	4	5
12. 出门在外，我能很快习惯新的、变化了的生活条件。	1	2	3	4	5
13. 体育课或运动会上，同学们越给我加油，我越紧张。	1	2	3	4	5
14. 上课回答问题时，我冷静地把想好的一切完整说出来。	1	2	3	4	5
15. 我一个人做事比和大家一起做事效率高。	1	2	3	4	5
16. 为了和睦相处，我宁愿放弃自己的意见，附和大家。	1	2	3	4	5
17. 当着众人、生人或异性的面，我感到腼腆、不自在。	1	2	3	4	5
18. 发生紧急情况，大家都慌乱时，我很镇静。	1	2	3	4	5
19. 和别人争辩时我常语塞，事先想好的话也说不出来。	1	2	3	4	5
20. 和陌生人接触时，我不大设防，容易攀谈起来。	1	2	3	4	5

（注意：分析结果请咨询专业人员，如临床心理医生、心理咨询师）

资料来源：陈会昌：儿童青少年个性与社会化系列测验量表之五。

思考题

1. 谈谈大学新生的心理特点,并分析自己刚刚进入大学时的心理状态。

2. 大学新生心理适应问题主要有哪些方面?

3. 某位大一学生小明发现现实中的大学生活和理想中的大学生活相差太大,他很苦恼。面对这种矛盾状况,小明应该采取什么途径来解决?

第三章　大学生的自我意识与培养

一个人怎样才能认识自己呢？绝不是通过思考，而是通过实践。

——歌德

课前导读

石头的价值

有一个孤儿院的小男孩，常常悲观地问院长："像我这样没人要的孩子，活着究竟有什么意思呢？"

院长总笑而不答。

有一天，院长交给男孩一块石头，说："明天早上，你拿这块石头到市场上去卖，但不是'真卖'。记住，无论别人出多少钱，绝对不能卖。"

第二天，男孩拿着石头蹲在市场的角落，意外地发现有不少人对他的石头感兴趣，而且价钱越出越高。回到院内，男孩兴奋地向院长报告。院长笑笑，要他明天拿到黄金市场去卖。在黄金市场上，有人出比昨天高10倍的价钱来买这块石头。最后，院长叫孩子把石头拿到宝石市场上去展示，结果，石头的身价又长了10倍，更由于男孩怎么都不卖，竟被传扬为“稀世珍宝”。男孩兴冲冲地捧着石头回到孤儿院，把这一切告诉院长，并问为什么会这样。

院长没有笑，望着孩子慢慢说道：“生命的价值就像这块石头一样，在不同的环境下就会有不同的意义。一块不起眼的石头，由于你的珍惜、惜售而提升了它的价值，竟被传为稀世珍宝。你不就像这块石头一样？只要自己看重自己，自我珍惜，生命就有意义、有价值。”

如果你自己把自己不当回事，那别人更瞧不起你，生命的价值首先取决于你自己的态度。每个人应当从小就看重自己，在别人肯定你之前，你先得肯定你自己。珍惜独一无二的自己，珍惜这短暂的几十年光阴，然后再去不断充实自己，最后世界才会认同你的价值。

古希腊德尔斐神庙前竖立着一块巨大的石碑，上面刻着一句象征人类最高智慧的神谕——认识你自己。2 000多年以前，中国老子也曾提出了一句至理名言：“知人者智，自知者明。”在现实生活中几乎每个人穷其一生都在积极探索认识自己，处于青年早期的大学生在成长中的种种困惑就是自我认识的一部分，自我认识阶段的最重要的任务是建立自我同一性，具体表现在自我观念明确、人际关系和谐、生活目标坚定、职业规划清晰、有能力建立亲密关系。因此，积极地认识自我、发展自我、完善自我是大学阶段重要的内容。

第一节　大学生的自我意识及其发展特点

我是谁？

从哪里来？

要到哪里去？

当这些问题困扰着我们的时候，这表明大学生开始进行自我的探索了，渴望了解真实的自己，渴望找寻人生的发展方向。自我探索的过程也许充满痛苦和喜悦、挣扎和自豪，但在痛并快乐中学会了解自己、了解世界，由此学习处理自己和世界的关系。

一、自我意识是什么

如果告诉他人关于自己的10件事，在描述的时候必须以“我”开头，可以包括个体的个性、外貌特征、背景、爱好、朋友等，就是任何能够帮助他人了解真实情况的信息，我会怎么说？可能会给出如下信息：

我是一个身高一米八的男生；

我今年20岁；

我喜欢打篮球；

我朋友很多；

我喜欢直接表达；

我的学习成绩还可以；

我很乐观；

我喜欢旅游；

我花钱很大方；

我是一个表面坚强而内心脆弱的人。

以上10条对自己的描述包括了自己身高、年龄、喜好、人际关系以及对自己性格的觉察，心理学家将这些对自我的描述称为自我意识。

自我意识，简单地说，就是个体对“自我”的意识，或者说是自己对自己的认知。美国心理学家詹姆斯把“我”分解为主体我和客体我。自我意识实际上是主体我对客体我的意识。自我意识是一个具有多维度、多层次的复杂心理系统，可以从多个角度来分析自我意识。

（一）生理自我、社会自我和心理自我

从内容上讲，自我意识有三个层面：生理自我、社会自我和心理自我。

生理自我，是指个体对自己的生理特征的意识，包括个体对自己的外

貌、身材、高矮等方面的意识，如“我是一个身高一米八的男生”。

社会自我，是指个体对自己的社会特征的意识，包括对各种角色关系、角色地位、角色技能和角色体验的认知和评价，如“我有很多好朋友”。

心理自我，就是个体对自己心理特征的意识，包括个体对自己的性格特征、能力、兴趣及行为表现等方面的意识，如“我是一个表面坚强而内心脆弱的人”。

（二）自我认识、自我体验和自我调控

从形式上，自我意识还可分为自我认识、自我体验和自我调控，这三者分别是自我意识在认识、情感和意志方面的体现。

自我认识主要解决“我是一个什么样的人”的问题，比如有同学观察自己的体形，认为自己很胖；分析自己的品德，认为自己是个诚实的人；分析自己的性格，觉得自己脾气急躁，容易冲动。

自我体验主要涉及“对自己是否满意”“是否喜欢自己”这类问题，比如被外界肯定时，会有强烈的自我价值感；成功时，会产生自豪感和对自己的自信。

自我调控主要解决“如何有效地调控自己”“如何改变现状，使自己成为一个理想的人”的问题。

这三个方面密切联系，彼此相互影响（参见图 3－1）。自我体验基于一定的自我认识，同时又对自我调控起动机作用。例如，某大学生发现自己的

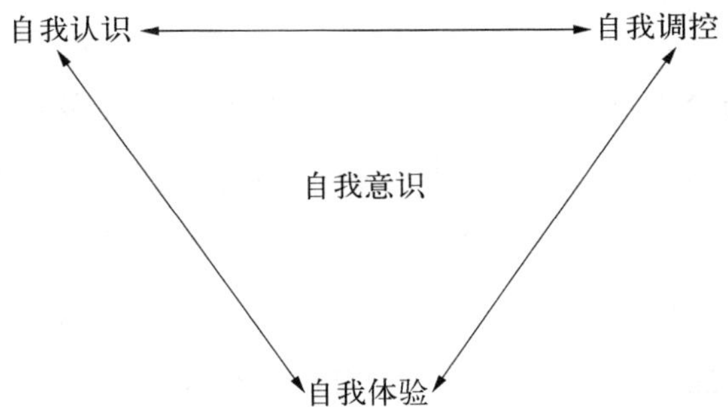

图 3－1　自我认识、自我体验和自我调控的相互作用

朋友很少，不善交际（自我认识）。认识到这一点之后，他产生了较强烈的自卑感（自我体验），这使他时刻提醒自己振作起来，积极扩大人际交往。由于他积极地进行自我调整，学习了一定的人际沟通技巧，有能力和周围的人建立亲密关系，能够体验到交往的乐趣，因而对自己充满信心，进一步促使他增强对自我的调整能力。这就是一个完整的自我认识、自我体验、自我调控相互作用的循环过程。

（三）现实自我、投射自我和理想自我

从观念上，自我意识又可分为现实自我、投射自我和理想自我。

现实自我是个体从自己的立场出发对现实的自我的看法，即对实际的我的认识。比如，“我认为我是一个善良的人”。

投射自我是个体想象中他人对自己的看法，如想象自己在他人心目中的形象和评价，以及由此而产生的自我感。而投射自我和现实自我往往有距离，当距离加大时，便感到自己不被别人所理解。例如，“我认为我很善良”——这是现实自我；“但是我总感觉别人认为我是装出来的，很伪善”——这是投射自我，由此会使个体产生“别人不懂我”的感觉。

理想自我是个体从自己的立场出发对将来的我的希望。例如，“我希望今后的我更加健谈、有更多朋友”等。理想自我是个体想要达到的形象，是个体想要追求的目标。理想自我与现实自我差距过大，就会给个体带来挫折感。

二、自我意识的作用

自我意识与个体发展之间究竟有怎样的关系？很多时候，个体会认为是外在的人或事阻碍了前行的脚步，影响了理想的实现和幸福感的提升，事实上真正影响个体的恰恰是个体自己。不论个体本身是否足够优秀，重要的是个体对自我的认识和评价是否客观全面，是否悦纳自我，是否清楚自己内心的想法，而这些都是以健康的自我意识为基础的。

自我意识与个体发展是相互影响的，在成长过程中，个体形成自我意识;反之,已经形成的自我意识也影响着个体的发展,自我意识影响着个体心理健康水平,从而影响个体的生活质量、幸福感。

(一)自我认识与心理健康

人本主义心理学家罗杰斯提出,心理健康者是那些能认真认识自我,不歪曲自己的知觉来迎合自己愿望的人。个体主观的自我常常容易高于或低于客观的自我,从而导致自大或自卑,这些对心理健康是不利的。

1. 自我概念影响防御机制

自我概念是个体对自我的整体认识。防御机制是个人在精神受干扰时用以避开干扰、保持心理平衡的心理机制。防御机制常在无意识状态下起作用,通常表现为压抑、升华、幻想、投射、拒绝、回避、理想化等。有心理研究发现,自我评价低的大学生一般采用投射、幻想、退缩等不成熟的防御方式和制止、回避、理想化等中间型防御机制;而自我评价高的大学生则采用升华、幽默等成熟的防御机制。

2. 自我概念影响生活满意度和幸福感

大学生的自我概念对其生活满意度也会产生影响。自我概念积极的大学生往往对问题的看法比较乐观、自信,对生活充满了信心,可以更好地调整自己的不良情绪,体验到更多的积极情感;而自我概念消极的大学生则往往低估自己,责备自己,对自己没有信心而变得焦虑、抑郁,这样就降低了他们的主观幸福感。

3. 自我否定意识会导致抑郁

关于自我否定意识与抑郁的心理学研究发现,生活中重要的丧失,如亲人的去世、重要考试失败、失恋等,会导致个体产生否定的自我意识,进而出现抑郁情绪;个体如果无力从抑郁情绪中恢复,将进一步导致自我评价下降,自信心丧失,进而加强自我否定意识,形成恶性循环,引发更严重的抑郁。

(二)自我体验与心理健康

自我体验是自我意识的情感成分,其中自我价值感是自我体验中最重要的情感之一。不同自我价值感的人，在面对同一压力源时，往往会有不同的应对反应，由此引起不同的情感体验，从而影响到心理健康。

1. 自我体验影响压力应对方式

一个人在困难和挫折面前采取什么样的应对方式，会受自我价值感的影响。高自我价值感的学生多倾向于采取问题解决、求助的应对方式，而低自我价值感的学生倾向于采取回避、幻想、忍耐的应对方式。

2. 自我体验可预测未来的生活品质

心理学研究证实，当自我意识在情感上表现为积极的自我评价，这时候自我体验可以预测未来的生活品质，而低自我价值感评价则前景堪忧。如高自我价值感的年轻人在未来较少出现抑郁倾向或行为问题；而低自我价值感的青少年在20多岁时，心理和生理健康状况、经济前景都较差，犯罪行为也更多。

（三）自我调控与心理健康

自我调控是自我意识的意志成分，指自己对自身行为与思想言语的调节控制过程。心理学研究发现，当个体丧失自我控制感时会影响到情绪健康和生活态度。

心理学家塞利格曼用狗做了一项经典实验。起初把狗关在笼子里，只要蜂音器一响，就施以难受的电击，狗关在笼子里逃避不了电击，多次实验后，在给电击前，先把笼门打开，此时蜂音器一响，狗不但不逃反而是不等电击出现就先倒在地上开始呻吟和颤抖，这就是习得性无助，本来可以主动地逃避，却选择等待痛苦的来临。“习得性无助”指人在最初的某个情境中获得无助感，在以后的情境中仍不能从这种关系中摆脱出来，从而将无助感扩散到生活中的各个领域。处于习得性无助状态的人，就是绝望碾碎了意志，会丧失对自我的控制，在危机来临时不做任何努力和尝试。

三、大学生自我意识的发展特点

心理学研究发现，婴儿早期是没有自我意识的，3岁以前儿童最先发展的主要是生理自我。5岁左右开始，儿童的自我描述渐渐从生理、行为和其他外表特征扩展到恒定的内在品质，如人格特质、价值观和意识形态。青春期的个体在描述自我时使用更多的心理学词汇，同时能够看到自我和他人的关系，社会自我开始发展。

大学阶段，自我意识的发展更加丰富、成熟，开始探索建立自我同一性。

一则大学生的自我成长故事：

刚入大学时，我经历了一个痛苦的适应过程。高中时学习成绩一直很好，无论在学校还是班级都觉得自己还不错，至少是班级"焦点"之一。进入大学后，发现周围同学都很棒，而自己不会唱歌，不会跳舞，各个方面都不占优势。特别是第一次期末考试后更受打击，我的成绩还没有平时不努力的同学好。那个时候对自己的评价特别低。后来，因为自我迷失导致的精神上的痛苦使我不断地向外求助：阅读了很多心理学、哲学的书籍，向学长、老师求教，也参加了一些社团和社会实践活动，慢慢清楚了这是每个大学生都经历的一个过程，重要的是相信自己，一点一点去实践、去努力，了解自己，积累自信，找到方向。

从上述中可见，这位大学生自我意识的发展并非一帆风顺，经历了从"旧我"破碎到"新我"重建的过程。

（一）大学生自我意识发展的年级趋势

有研究发现，大学生自我意识的发展并不是明显地随年级而上升的，而是略呈不均衡状态，基本趋势是一年级自我意识水平最高，四年级次之，二年级第三，三年级最低。大学二年级末三年级初是大学生自我意识发展的"转折年级"。总结起来，大学生自我意识的发展呈现如下特点。

1. 低年级为自我同一性危机期

一年级大学生自我意识水平最高。自我意识水平高，大学生对自我的了解、自我反思、自我调整的意识和需求强烈，开始结合自己的心理特征（即我是怎样的人）思考未来的社会角色和自我定位（社会自我的确立）。这可能与进入大学面临的挑战有关。大学的学习方式发生重大转变，没有家长督促，大学生可能会变得无所适从。其次，大学生将面临更激烈的竞争，优秀的学生聚在一起，各自在中学的优越性发生了变化。再次，上了大学并不意味着已经迈向成功，他们可能会因为考入大学这一阶段性目标的实现而变得迷茫。所有的这一切，都需要大学生自己去探索、去适应和解决，可能会引发一些矛盾冲突，出现一定程度的同一性危机。在这个阶段，很容易出现上述案例中同学的状态。因此，大一阶段是大学生面临同一性危机较多的时期。

2. 二、三年级为同一性形成探索的关键期

二、三年级的学生更多地开始思考自己、认识自己，确立自己的发展方向和目标。有研究人员采访了部分大学生和有经验的老师，大学生们一致认为大学二年级末三年级初是他们内心矛盾冲突最尖锐、思想斗争最激烈、回顾与展望最多的时期。由于在这一时期，大部分学生开始思考未来发展和去向等现实问题，也就是大学生的需求、情感、能力、目标、价值观等特质须整合的一个时期。

3. 四年级为自我同一性考验期

经过二、三年级对自我的重新认识和评价之后，大学生在四年级左右逐步完成从“他信”到“自信”的转变，逐渐学习从学业、人际关系、能力等多个方面评价自我。但进入四年级，大学生又面临着人生中的一个重要转折点。四年级的大学生面临考研、就业，他们需要从一个新的层面来重新审视和探讨自己，思索自己将要成为什么样的人以及将来自己在社会中所处的位置。这些问题对他们来说是一个很大的冲击，也给其自我同一性带来了挑战，使一些大学生进入同一性考验。

（二）自我意识发展的矛盾性

虽然不同年级大学生自我意识发展的特点不同，但几乎每一个年级大学生的自我意识均面临两个不同程度的冲突。一是理想自我与现实自我的冲突，即我应该成为怎样的一个人（理想自我）与我现在怎样（现实自我）的冲突。理想自我高于现实自我时，大学生通常会陷入痛苦之中，不能自我接

纳。二是主体我与客体我的冲突。大学生对自我的评价是多变的，主体我对客体我的认识不是稳定的、全面的，受情境的影响比较大。大学生有时看到积极面时，会意气风发；看到消极面时，则情绪低落，觉得自己一无是处，容易迈向两个极端。

四、自我意识的影响因素

自我意识并非与生俱来，为什么在个体成长到一定年龄之后，不同人的自我意识会有那么大的不同，其主要受以下因素的影响。

（一）亲子关系

虽然大学生远离家庭，但与父母形成的亲子关系的性质对大学生自我同一性的形成与发展的影响是根深蒂固的。在大学阶段，亲子关系发生了重要变化，一方面大学生要求独立、自主，脱离对父母的依赖，获得一定限度上的心理分离，另一方面又要维持与父母亲密的情感依恋关系，这两方面是否平衡将影响大学生自我同一性的发展。

研究证实，大学生若是无法认同和尊重父母并从中汲取某种优良品质，建立自己的认同感是很困难的。关爱和民主的教养方式同大学生获得健康和恰当的自我认同感有一定关系

有心理研究认为安全的亲子依恋关系是健康自我发展的重要条件。亲子依恋是孩子在 2 岁前与母亲或主要抚养人之间建立的一种特殊的情感联结纽带。鲍尔比等认为，婴儿在同主要养护人的不断交往中形成了一种内部工作模式，即对自我和他人的一种认知表征。敏感、及时的照顾使儿童认为他人是可靠的(积极工作模式)，而不敏感、忽视的照顾将导致不安全和缺乏信任(消极工作模式)；与此同时，儿童还会发展出对自我的工作模式，在敏感、及时的照料下形成的自己是可爱的、有价值的积极自我工作模式，在忽略、忽视的照顾下形成的自己是一无是处、讨人嫌的消极自我工作模式。

这些认知表征形成于早期生活，不为人们察觉，渐渐进入潜意识中，为

大学生自我意识的进一步发展奠定了潜在的动力基础，持续地影响大学生对自我的评价。

（二）重要他人的评价

一般情况下，个体很难对自己做出客观、如实的评价。因此，个体往往会根据重要他人，如父母、教师以及好朋友的评价来认识和评价自己。在生命早期的时候，个体可能会盲目地全盘接受他人的评价，往往会导致不恰当的自我认识。他人不恰当的评价会使个体对自己产生过高或过低的自我认识。如果在成长过程中重要他人（父母、老师和其他关系亲密的人）的否定性评价过多，大学生可能就会直接内化为否定性评价，形成“我真的不行”的自我认识。

（三）大学教育的影响

在大学生活期间，大学生可以积极探索各种生活选择，接触各种思想和价值观，学习并实践各种角色，尝试做出选择，在反复试验中决定自己的人生观、价值观以及自己将来的职业，从而形成自我同一性。

国外已有研究证实，进入大学迫使个体为自己设定职业目标，获得稳定的职业承诺。阿斯廷（Astin）的研究发现，师生关系、学校对学生的投入和学生自身的投入是影响大学生自我同一性发展的关键因素。师生关系越好，学校对学生的投入越多，学生对自己的投入越多，自我同一性发展就越好。

（四）其他影响因素

国内已有研究表明，学习成绩、家庭经济状况、同伴关系等是影响中学生自我价值感的重要因素。研究者对我国大学生自我价值观的研究发现，学习成绩、特长与社会活动、学生职务与文体活动都是影响大学生自我价值感的重要因素。哈特（Harter）的研究结果表明，体育运动能力是与大学生自我价值感关系最为密切的因素之一。这些研究结果在一定程度上表明，现在的大学生不再仅仅停留于学习书本知识，而是更注重生存技能与社会实践能力的培养与发展。

第二节　大学生自我意识的完善

健全的自我意识是心理健康的必要条件，大学生如果没有正确的自我认识，便会出现自我认识的偏差，如妄自菲薄、过度以自我为中心等，客观的自我认识和积极的自我态度是心理健康标准之一。

一、健全的自我意识的标准

健全的自我意识应包含三个部分，即正确的自我认识、良好的自我体验和有效的自我调控能力。

（一）正确的自我认识

自我认识是主观的我对客观的我的认识和评价，它包含两个部分：自我认识和自我评价。其核心内容是"我是一个什么样的人""我如何看待我自己"。自我认识是自己对自己的身心特征的感知，自我评价是在这个基础上对自己做出的某种判断。人贵有自知之明，不妄自菲薄，也不骄傲自大，正确的自我认识是健全自我意识的基础，有利于个人心理上的健康成长。

心理学家乔瑟夫和哈里提出"乔哈里视窗(Johari Window)"理论。"窗"是指人的自我意识就像一扇窗户，包括四个部分：开放我、盲目我、隐藏我、未知我（见表 3－1）。

表 3－1　乔哈里视窗

	自己知道	自己不知道
别人知道	开放我(公开区)	盲目我(盲点)
别人不知道	隐藏我(隐藏区)	未知我(未知区)

1. 开放我

"开放我"也称"公众我"，属于公开活动的领域，它是自己知道别人也知道的部分。比如，我们的性别、外貌、身高、婚否、职业、工作生活所在地、能力、兴趣爱好、特长、成就等。“开放我”是自我最基本的信息，也是了解自我、评价自我的基本依据。

2. 盲目我

“盲目我”属于个体自我认识的盲点。它是自己不知道而别人却知道的部分，即所谓的“当局者迷，旁观者清”“不识庐山真面目，只缘身在此山中”。比如，一个人的无意识动作、无意识的表情和语言等，自己觉察不到，但别人却能观察到。

3. 隐藏我

“隐藏我”是自我的隐藏区，属于逃避或隐藏领域。它是自己知道而别人不知道的部分，与“盲目我”正好相反。就是我们常说的隐私、个人秘密，留在心底，不愿意或不能让别人知道的事实或心理。几乎每个人都有“隐藏我”，大家也认为这个部分是不能公之于世的，是不能让别人知道的。

4. 未知我

“未知我”也称为“潜在我”，属于未知区，它是自己和别人都不知道的部分，还有待挖掘和发现。通常是指一些潜在能力或特性，也包含弗洛伊德提出的潜意识层面，仿佛隐藏在海水下的冰山，力量巨大却又容易被忽视。探索和开发未知我，才能更全面而深入地认识自我、激励自我、发展自我、超越自我。

（二）良好的自我体验

自我体验是个体对自己怀有的一种内心情绪体验，也就是主观的我对客观的我持有的一种态度。情绪体验的内容包括自我价值感、成功体验和失败体验、自豪感与羞愧感、内疚等。自我体验的核心内容是自我价值感，即“我对我自己感觉怎么样？”

自我价值感是个体在关于对自己价值的判断、评价的基础上，形成对自己的态度与情感体验，即自尊、自卑等自我情绪体验。自我价值感是内在的，以自尊需要表现出来。自尊需要是内在的自我价值感的外在表现。

（三）有效的自我调控

自我调控是伴随自我认识、自我体验而产生的各种思想倾向和行为倾向，调控常常表现于对个体思想和行为的发动、支配、维持和定向，因而又称自我调节。自我调控包括自我激励、自强自律等，是自我意识结构中的最高阶段，其核心内容是“我将如何成为理想中的那种人”“我将如何实现理想中的人生”“我将如何改变自己”。自我调控包含两个方面的作用：发动和制止。一个健康的个体是能有效控制自我的人。

二、自我认识的正确途径

大学生的自我认识是一个复杂的、不断变化和丰富的过程，也是一个充满矛盾和挑战的过程。人主要通过三个途径来认识自己：一是自我反省，二是社会比较，三是他人反馈。

（一）自我反省

自我反省是认识自我的一个重要途径。Bern 在 1972 年提出自我知觉理论，他主要从行为对态度影响的角度，来阐释人们如何认识自己。当问一个人关于对某事物的态度时，个体首先回忆他们与这种事物有关的行为，然后根据过去的行为推断出对该事物的态度。如当一人主动吃苹果时别人问他是否喜欢苹果，这时他会认为，既然没有外力强制，是自己主动吃苹果的，那么一定是喜欢苹果。所以人可以通过自己的行为来进行自我反省。

（二）社会比较

社会心理学家费斯汀格提出了社会比较理论，该理论假设人们有想要知道自己真正的样子的需要，可以通过将自己和他人进行比较来满足这种需要。一个人对自己价值的判断，是通过与他人的能力和条件的比较实现的，这就是社会比较过程。比如一个人想知道自己的成绩究竟如何，须与别人的成绩进行比较，才能知道自己在群体中所处的位置。

社会比较理论认为，当个体发现自己对自己的评价和类似于自己条件（如性别、年龄、职业）的他人一致时，就加强了自我评价的信心，大大提高了安全感;相反,如果发现有差距,内心会觉得受到了很大的威胁。为了增加安全感,在进行社会比较时,要选择对手,在对能力的自我评价方面更是如此。在进行社会比较时,不仅要与比自己好的人比,同时也要与比自己差的人比。与比自己好的比能够帮助看到自身的不足或缺憾,看到未来发展的方向和目标,克制自大心理,努力赶上去;与比自己差的比可以帮助自己发现自身的优势,克服自卑,获得自我价值感和满足感。

(三)他人反馈

所谓当局者迷,旁观者清,有时候周围的人对个体的态度和评价能帮助个体认识自己、了解自己,特别是了解自己没有觉察到的、潜意识的行为和想法。这是个体获得自我认识的另一种途径,就是观察他人的反应,也称为反射性评价。比如一个人讲了个笑话,周围的人都笑了,他便可以推断出自己是一个有幽默感的人。

社会心理学家库利用镜中我(looking-glass self)来描述反射性评价。镜中我,即以他人为镜子,从他人眼中看到的自我。他认为,在个体关注自我发展的过程中,个体所具有的自我情感取决于对他人态度所做的归因,个体想象自己是如何被另一个人看待的,这种知觉决定了个体如何感觉自己。

三、悦纳自我

心理学家通过实验来解释一个人对自己的良好感觉会影响其心理健康。

(一)期望效应

罗森塔尔及其同事要求教师们对他们所教的小学生进行智力测验。他们告诉教师们说,班上某些学生属于大器晚成者,并把这些学生的名字念给老师听。罗森塔尔预测,这些学生的学习成绩可望得到改善。自从罗森塔尔宣布大器晚成者的名单之后,罗森塔尔就再也没有和这些学生接触过,老师们也再没有提起过这件事。事实上所有大器晚成者的名单,是从一个班级的学生中随机挑选出来的,他们与班上其他学生没有显著不同。可是当学期末，再次对这些学生进行智力测验时，他们的成绩显著优于第一次测得的结果。这种结果是怎样造成的呢？罗森塔尔认为，这可能是因为老师们认为这些大器晚成的学生，开始崭露头角，予以特别照顾和关怀，以致使他们的成绩得以改善。罗森塔尔效应反映了期望的作用，所以又称为期望效应。

（二）如何悦纳自我

从上面的理论和实验可以看出，心理暗示有着十分强大的作用，如何利用积极的心理暗示悦纳自我呢？悦纳自我的第一个条件是接纳自我，接纳意味着既接纳自己的优点，也接纳自己的缺点。一个接纳自己的好办法就是把自己当作独一无二的人，一个独特的个体。完成下面的句子可以帮助大家找到自己的独特性：

我是独一无二的，因为我______

虽然我有缺点，但是我______

我是奇妙的，因为我______

这可以让大学生学习从独特的角度去欣赏和接纳自己，而不是从好和坏的标准去评价自己。让大学生从现在开始欣赏自己的独一无二，为自己的这份独特感到自豪吧！

四、有效调控自我

自我调控是伴随自我认识、自我体验而产生的各种思想倾向和行为倾向，控制常常表现为对个体思想和行为的发动、支配、维持和定向。自我调控的本质特征包含以下两点：（1）自我调控是个体有意识控制冲动行为、抵制满足直接需要和愿望的能力；（2）自我调控的目的是为了执行能带来长期利益的目标指向的行为。其核心内容是“我将如何成为理想中的那种人”“我将如何实现理想中的人生”“我将如何改变自己”。

（一）自我效能感对自我调控的影响

自我效能感是心理学家班杜拉首先提出的一个概念。自我效能感是个体对自己具有组织和执行达到特定成就的能力的信念，即个体对自己能力的一种主观感受，而不是能力本身。具体来说，它指个体在对特定情境中是否有能力完成某任务的行为预期或者自信程度。班杜拉认为效能预期则是个体对自己能否顺利地进行某种行为以产生一定结果的预期。如果一个人知觉到的效能预期越强，则越倾向于做更大限度的努力。

班杜拉的研究认为，效能信念影响人的思维、情感、行动并产生自我激励。这种信念调节人们选择干什么，在所选择的事情上付出多大的努力，在面对困难和挫折时，能经受多大的压力。所以如果要提高自我调控能力或水平的话，提高自我效能感是关键。

（二）如何提高自我效能感？

提高自我效能感具有现实意义。自我效能感高的人，在日常社会活动中充满信心和决心，这样就会在很多时候能较好地发挥其潜能而获得成功。而效能感低的人，会表现出退缩和消极被动，不能很好地发挥自身水平，获得成功的可能性就会减少。

1. 设立合适的目标

给自己设立可以完成的目标和任务，并把这些任务分解成小的目标和任务，在不断的小成功中提升自己的自我效能感。不要想一口气吞掉一头大象，这样会永远让人觉得受到挫败，觉得是件不可能完成的任务。

1984 年，在东京国际马拉松邀请赛中，名不见经传的日本选手山田本一出人意料地夺得了世界冠军。当记者问他凭什么取得如此惊人的成绩时，他说了这么一句话："凭智慧战胜对手。"

当时许多人都认为这个偶然跑到前面的矮个子选手是在故弄玄虚。马拉松赛是考验体力和耐力的运动，只要身体素质好又有耐性就有望夺冠，爆发力和速度还在其次，说用智慧取胜确实有点勉强。

两年后，意大利国际马拉松邀请赛在意大利北部城市米兰举行，山田本一代表日本参加比赛。这一次，他又获得了世界冠军。记者又请他谈经验。山田本一性情木讷，不善言谈，回答的仍是上次那句话："用智慧战胜对手。"

这回记者在报纸上没再挖苦他，但对他所谓的智慧迷惑不解。

10年后，这个谜终于被解开了，他在他的自传中是这么说的："每次比赛之前，我都要乘车把比赛的线路仔细地看一遍，并把沿途比较醒目的标志画下来，比如第一个标志是银行，第二个标志是一棵大树，第三个标志是一座红房子……这样一直画到赛程的终点。比赛开始后，我就以百米冲刺的速度奋力地向第一个目标冲去，等到达第一个目标后，我又以同样的速度向第二个目标冲去。40多千米的赛程，被我分解成这么几个小目标就轻松地跑完了。起初，我并不懂这样的道理，我把我的目标定在40多千米外终点线的那面旗帜上，结果我跑到十几千米时就疲惫不堪了，我被前面那段遥远的路程给吓倒了。"

众多心理学实验也证明了山田本一的正确。当人们的行动有了明确目标，并能把自己的行动与目标不断地加以对照，进而清楚地知道自己的行进速度以及与目标之间的距离，人们行动的动机就会得到维持和加强，就会自觉地克服一切困难，努力达到目标。把大目标分解为多个易于达到的小目标，每前进一步，达到一个小目标，就会体验到"成功的喜悦"，这种"喜悦"将推动人们充分调动自己的潜能去达到下一个目标。

2. 找到合适的比较对象

在比较中发现自己的长处，可提高自我效能感。有些人和比自己优秀很多的人比较，于是就觉得很自卑，发现自己一点长处也没有。而找到合适的比较对象，可以帮助个体更好地认识自己，发现自己有长处也有短处，既可以发扬自己的优点，也可以正确认识自己的缺点，从而提升自我效能感。

3. 合理归因

深入分析自己之前成功和失败的原因，在进行归因的过程中提高自我效能感。如果将失败归因于自己的能力，将成功归因于运气好，那么一个人很难有自我效能感，因为认为再怎么努力都没用。合理的归因方式是在分析成功的时候更多地归因于自我努力，在分析失败的时候更多地归因于自己不够努力，这样会让人进行合理的自我调控，从而可以逐步建立自我效能感。

第三节　大学生自我意识的偏差及调整

大学生自我意识处于不断探索和发展的过程，其中充满现实我与理想我、主体我与客体我之间的矛盾与冲突，为了解决这些矛盾与冲突，大学生就要寻求自我意识的统一和整合，即自我认识、自我体验、自我控制的和谐统一。当不能把自我意识和谐地统一起来时，面对矛盾冲突，会在自我认识、自我体验、自我控制等方面产生偏差，从而影响自己的心理健康。

一、大学生自我意识的偏差

自我意识的偏差是指大学生在自我认识、自我体验和自我调控方面出现的偏差，比如不能正确地认识自我，自我体验消极化、情绪化，自我调控缺乏或者极端化等。

（一）大学生自我意识偏差的特点

1. 大学生自我认识的矛盾化

大学生正处于自我同一性形成的关键期，因此主观自我与客观自我、理想自我与现实自我之间的矛盾是它的主要表现。

（1）主观自我与客观自我的差距。部分大学生的主观自我与客观自我之间存在着较大的差距。较多大学生的自我意识水平很高，很有“自我”感。比如有的大学生认为自己做得很好，但不一定符合社会要求，别人不一定认为他做得好。少数大学生对自己的感觉很不好，实际上别人的评价并不差。

（2）理想自我与现实自我的差距。理想自我与现实自我的差距是客观存在的。有的大学生对自己期待很高，但在现实条件下，他并不能达到这个期待。当这种矛盾产生时，有的人会调整自己的理想，朝着现实的目标迈进。有的人可能会退缩、回避，或者盲目朝不现实的目标迈进。

2. 大学生自我体验的情绪化

大学生自我体验的一个重要特征就是情绪化，即不稳定。情绪常常表现出起伏、易变等特点。大学生的自我评价常常发生矛盾，对自我的态度常常是波动的，随着情绪的变化而变化，情绪好时对自我认同度高，自我评价也高，对自己充满信心；情绪低落尤其遭遇挫折时，自我认同度骤然下降，认为自己一无是处。另外，情绪还容易走极端化，考虑问题时易受到各种社会思潮与其他外部环境的影响，容易偏激、冲动。面对理想自我、现实自我与自我肯定、自我否定等矛盾，常常表现出心理的不平衡，情绪体验较强烈，易振奋，也易消沉。

3. 大学生自我调节的极端化

大学生的自我调节容易走两个极端。一部分大学生的自我感很强，比较关注自我，并从自己的想法、态度和观点去认识和评价事物及他人，容易出现自我中心的倾向。大学生虽然已经具备比较多的知识，社会活动范围已扩大，但对人、对事和对社会的认识还比较片面。另一部分大学生由于自我意识的不成熟、意志薄弱、独立性和主动性的缺乏，造成其自我调节经常处于混乱状态，被动接受他人的价值观，没有主动探索自我，以致产生迷茫、不知所措的感觉。

（二）大学生自我意识偏差的典型问题

大学生自我意识偏差包括自卑、自负、自我中心、低自尊和自我同一性混乱等问题。在这些问题中，最典型的是自卑和自我同一性混乱。

1. 自卑

上大学后，既要面对学习上更“强劲”的对手和更加社会化的人际交往，又要适应新环境，大学生容易产生自卑，这是大学生最常见的心理问题之一。

自卑是指自我评价偏低、自愧无能而丧失自信，并伴有自怨自艾、悲观失望等情绪体验的消极心理倾向。自卑的人常常表现出以下特点：过分夸大自己的缺陷，喜欢拿自己的短处和别人的长处相比，总将这些挫折失败归因于自己的无能,不能客观地看待别人对自己的评价,认为自己一无是处,对那些稍做努力就能完成的任务也轻易放弃等。

2. 自我同一性混乱

自我同一性混乱也是大学生常见的典型问题,很多大学生讲过类似的话:“我很迷茫,我不知道我现在要做什么,我也不知道我将来要做什么。”“大一不知道自己不知道,大二知道自己不知道,大三不知道自己知道,大四知道自己知道”,这正体现了大学生自我意识的发展过程,在这个过程中很大一部分学生也会经历自我的“混乱期”。

自我同一性本质上是指人格发展的连续性、成熟性和统合感。自我同一性混乱又称同一性危机,是埃里克森在其心理社会发展理论中提出的一个重要概念。埃里克森描述过具有一系列心理社会危机的八个发展阶段。在第五个阶段,即青年期,主要任务是解决自我同一性和角色混乱的冲突。在这一过程中,可能出现同一性危机。简单来说,自我同一性混乱就是不知道自己是谁以及自己要做什么,不能认清自己的发展方向,没有一个整合的自我。

二、自卑的心理调适

(一)打破不合理信念,建立合理信念系统

认知调整的主要任务是改变认知上的偏差,打破不合理信念,建立合理信念系统,学会正确评价自己。

埃利斯认为,人们产生各种各样的情绪困扰,是因为有不合理的信念,如果能够打破这种不合理的信念,建立一个合理的信念系统,从积极的角度去看待自我,就会产生不同的情绪和行为结果。其认知调整的方法如下。

(1)打破绝对化的要求。没有什么事情是一定会发生或者一定不会发生的,没有什么事情是必须去做的,事物的发展规律也不以人的意志为转移。合理信念:将绝对化的观念,如“一定要”或“必须”,转换为“可能”“可以”或者“希望”。

(2)打破过分概括化。每个人都可能会犯错误,一件事情失败,并不意

味着自己就是一个失败者，更不意味着自己的整个人生都会毁灭。合理信念：这次失败，并不代表我是一个失败者；这次失败，并不意味着我以后不能获得成功。

（3）打破夸大化。即使碰到不好的事情，或者遭遇失败，也不是世界末日，生活还会继续。合理信念：每个人一生中都会碰到挫折，遇到问题是很正常的，没有必要把问题和困难以及失败想得那么糟糕。

（二）从优点认识自己-积极评价自我

自卑的人习惯用放大镜看自己的缺点和别人的优点，忽略自己的成功和别人的失败。改变自卑先要改变认识自己的模式，从优点来认识自己，全面、客观地看待别人和自己。

每天记录下自己的一个优点或做成功的一件事情，可以是很小的优点或者事情，如“今天我让座了，我很热心”；“我今天学会做 PS”。刚开始做的时候，可能会有些困难，慢慢地就会习惯。坚持记录两个星期，两个星期以后再回顾自己的这些优点，就会有新的发现。

（三）积极自我暗示-练习肯定自我

暗示法是个人通过积极的自我暗示、自我鼓励，从而消除自卑的方法。人的自我评价实际上就是人对自我的一种暗示。消极的自我暗示导致消极的行为，而积极的自我暗示则带来积极的行为。积极自我暗示不等于盲目自信，积极自我暗示只对那些可以做到，但是没有信心做到的事情起作用。

每天对着镜子中的自己进行练习。首先要微笑着面对镜中的自己，然后暗示自己“我做得很好”“我喜欢我自己”等一些自我鼓励的语言。坚持一段时间后，则会增加自我肯定，从而消除自卑。

知 识 窗

人格发展八阶段理论

埃里克森是美国著名精神病医师，新精神分析派的代表人物。他认为人的自我意识发展持续一生，他把自我意识的形成和发展过程划分为八个阶段。这八个阶段的顺序是由遗传决定的，但是每一阶段能否顺利度过却是由环境决定的，所以这个理论可称为心理社会阶段理论。每一个阶段都是不可忽视的。

婴儿前期

基本信任和不信任的心理冲突，如果这一阶段的危机成功得到解决，就会形成希望的美德；如果危机没有得到成功解决，就会形成胆小惧怕。

婴儿后期

自主与害羞和怀疑的冲突，在这个阶段中，如果儿童形成的自主性超过羞怯与疑虑，就形成意志的美德；如果危机不能成功解决，就会形成自我疑虑。

幼儿期

主动与内疚的冲突，如果这个阶段的危机成功得到解决，就会形成方向和目的的美德；如果危机不能成功解决，就会形成自卑感。

童年期

勤奋与自卑的冲突。如果这一阶段的危机成功得到解决，就会形成能力的美德；如果危机不能成功解决，就会形成无能。

青春期

自我同一性与角色混乱的冲突。如果这一阶段的危机成功得到解决，就会形成忠诚的美德；如果危机不能成功解决，就会形成不确定性或者说是无归属感、为人冷淡冷漠、缺乏关爱的意识。

成年早期

亲密与孤独的冲突。如果这一阶段的危机成功得到解决，就会形成爱的美德；如果危机不能成功解决，就会形成混乱的两性关系。

成年中期

生育与自我专注的冲突。如果这一阶段的危机成功得到解决，就会形成关心的美德；如果危机得不到成功解决，就会形成自私自利。

成年后期

自我完整与绝望期的冲突。如果这一阶段的危机得到成功解决，就形成智慧的美德。如果危机得不到成功解决，就会形成失望和毫无意义感。

埃里克森认为青春期阶段的基本危机是要面对不同人扮演不同的角色，并在这种混乱中发现自己的正确身份(同一性)。解决这个危机使个体培养出对自我的一致感觉；如果失败则导致缺乏稳定核心的自我形象。

下一个重要的发展的时机是在成年中期，它被称为是再生力。30～40岁时，个体把对自己和伴侣的承诺扩展为对整个家庭、工作、社会以及后代的承诺。没有妥善解决之前发展阶段的个体，仍然会沉湎于自我中心，质疑以前的决定和目标，不顾安危地追求自由和无拘无束。

资料来源：[美] 理查德·格里格、[美] 菲利普·津巴多：《心理学与生活》，王垒、王甦等译，人民邮电出版社2003年版。

心理训练营：我如何成为今天的我

在一个舒适、安全的环境里，为自己准备一张大白纸和一盒彩笔，请根据下面的提示为自己画一条到目前为止的生命河。

我们每个人的成长经历，就好像 条生命河，在生命历程中我们都经历过一些给我们的生命留下烙印的人物和事件。现在请回顾你的成长经历，从孩提时期有记忆时开始回忆，一直到现在。重点回顾成长过程中对自己成长具有重要作用和意义的人物或事件，可以是高兴的，也可以是悲伤的。

现在，给自己20分钟的时间，用自己喜欢的颜色画一条表示自己成长经历的生命河，这条生命河可以表达自己的成长阶段，可以标注自己接触过、经历过并留下深刻印痕的人物和事件。当你画完的时候，再回头看看你的生命河是什么颜色的，生命河的宽度怎样，河中和河岸有什么景色。现在当你重新看这条生命河时，你会有什么样的体会和感受？

思考题

1. 大学生自我意识发展存在的主要问题有哪些?

2. 大学生如何有效地克服自卑心理?

3. 请回忆一下你尽你所能而获得成功的情景,然后再设想一下,如果你非常努力,但结果并非如你所愿,这时你体验到了自我的局限性。虚幻的乐观会对你下一次的判断产生影响吗?

第四章　我的青春不掉线

我们一定要给自己提出这样的任务：第一是学习，第二是学习，第三还是学习。

——列宁

课前导读

三个砌砖工人谈话

有个人经过一个建筑工地，问那里的建筑工人们在干什么。三个工人有三个不同的回答。

第一个工人回答："我正在砌砖。"

第二个工人回答："我正在砌一堵墙。"

第三个工人回答："我正在建造一座教堂。"

三个人在做同一种工作，但只有第三个人工作受到远见的指引，他看见了那幅宏图，宏图给他的工作增添了价值和快乐。

以前读书是为了考大学，现在大学考上了，目标也实现了，于是很多同学开始放松、放任自我，甚至放纵自己。生活还在继续，然而很多人却发现没有了目标，心是散的，整个人浑浑噩噩。

一位大四的学生回忆说："四年前，我如愿以偿地跨入了大学校园。当时，对我来说，大学已是我'理想的顶点'，满足感油然而生，放松紧张的神经，休整疲惫的身体，上课读小说，下课打游戏，早晨睡懒觉，晚上熬通宵，整天不思学习，无所作为。这种消极颓废的生活伴我混过了半年光阴。第一学期考试成绩，我竟然排在全班倒数几名。这对于中学时成绩名列前茅的我，犹如当头一棒，想要振作起来，但又不知从何做起。"

你是否也开始对学习松懈了？你是否为自己的大学生活确立了明确的目标？

学习是伴随人类生活始终的一项活动，人类为了生存和发展必须学习，没有学习就没有人类的进步。大学生不仅需要努力学习，更要学会学习，学会高效率的学习。

第一节　学习与心理健康

一、学习的含义及分类

（一）学习的含义

我国著名思想家孔子说："学而时习之，不亦说乎？"但孔子还是把"学"与"习"分开使用的。《礼记·月令》篇中"鹰乃学习"一语，便是目前我们所能见到的最早将"学"与"习"两字连在一起的资料。按照现代心理学和现代教育学的理解，学习的含义有以下几个层次。

1. 广义的学习

广义的学习是指有机体由后天获得经验而引起的比较持久的行为和行为倾向的变化。首先"有机体"是指生命体，既可以是动物也可以是人类，学习只能发生在有生命的机体身上，也就是说，广义的学习是人类与动物共有的现象。其次，“后天获得的经验”是指学习必须是由经验引起的，凡不是由后天获得的经验或练习而引起的行为变化，都不能叫学习。最后，“比较持久的行为或行为倾向的变化”是指学习所得结果可以长时间地影响有机体。

2. 人类的学习

人类的学习与动物的学习是有区别的。首先，两者在内容上有很大的不同，人类的学习借助语言和思维的参与，除了获得个体经验以外，还可以获得他人积累的经验，而动物的学习只局限于其自身的直接的经验。其次，人类的学习是在改造客观世界的劳动中，在同他人的交往过程中进行的，而动物的行为是有机体对于一定刺激所作出的单一反应。最后，人类的学习是一种自觉的、积极的、主动的过程，动物的行为只是一种被动的适应。

3. 狭义的学习

狭义的学习是指学校情境下的学生的学习。这种学习不同于一般社会成员的学习，它是一种专业化的学习，是指学生在教师的指导下，有目的、有计划、有组织、有系统地掌握前人的知识、技能，开发智力和各种特殊能力，培养个性和思想品德的过程。学生的学习有两个明显的特点：第一，学生是以学习前人积累的间接经验为主，而不是以直接实践为主。因此，它可以避免人类认识活动中的许多曲折和错误，直接习得前人经过千百次实践获得的认知成果。第二，学生的学习是在教师指导下有目的、有计划地进行的活动，因而它比单枪匹马地自学有更高的效率。

（二）学习的分类

1. 根据学习内容分类

根据学习内容可以将学习分为知识学习、技能学习、社会规范的学习，知识学习是通过一系列心智活动，在头脑中建立相应的知识结构。知识学习要解决的是认识问题，即解决知与不知、知之深浅的问题。技能学习是指通过学习形成合乎法则的活动方式，有心智技能（如解题思路）和操作技能（如专业操作技能）两种。社会规范的学习即把外在行为要求转化为主体内在行为需要的内化过程。这种学习是人类独有的,它包括认识、情感体验与行动执行等成分,并在实践中不断发展。

2. 根据学习方式分类

根据学习方式,可以将学习分为接受学习、发现学习、意义学习、机械学习。接受学习是教师把学习的内容以定论的形式传授给学生,在这样的学习过程中,学生不需要主动去发现知识,只需要被动接受知识并将其内化,在恰当的时候把知识提取出来或加以运用即可。发现学习是教师并不直接教给学生学习内容,而是由学生自己去发现这些内容并内化这些知识。也就是说,学生学习的主要任务是去发现,然后再将发现的内容加以内化,使之成为自身的知识。意义学习是学习者利用原有经验来进行新的学习,理解新的信息。机械学习是在缺乏某种先前经验的情况下,靠死记硬背进行的学习。机械学习是与意义学习相反的一种学习方式,学生没有理解学习内容的含义,只是在学习内容与已有的知识结构之间建立一种非本质的、人为的联系。

二、大学生学习的特点

大学生是一个特殊的学习群体,他们的学习具有人类学习的一般特点又具有自身的特点,显著不同于中小学生的学习。

(一) 专业性

中小学是基础教育阶段,主要学习各知识领域的基本知识、技能。而大学生的学习则不同,这一阶段学习的显著特点就是专业性强。大学生的学习活动在学习的目的、性质、途径、内容和方法上都是围绕专业学习展开的,都是为未来的职业做准备的。

(二) 多样性

中学的学习形式较简单,主要通过课堂学习来获取知识,而大学的学习形式则复杂多样,除了课堂学习外,还可通过课外阅读、同学讨论、实验课、各种学术报告和讲座、科研活动、网络、大学生社团活动、社会实践活动及实习、课程设计、毕业设计等形式学习。丰富多彩的学习形式是为了适应学习内容的“博”和“专”，这些学习形式对于形成和完善大学生的知识能力结构、提高大学生的综合素质起到了很好的作用。

（三）实践性

实践性教学环节在高等学校的学习中占有十分重要的地位，在总学时中所占的比例较大，一般超过20%。工科院校的实践性教学环节所占的比例高达30%。大学中的实践性教学环节主要有实验课、课程设计、教学实习、生产实习、毕业实习、毕业设计等。实践性教学环节对于培养大学生的实验和工艺操作技能等实践能力是必不可少的。大学生们在实践性教学环节中，通过观察和直接参与实践活动，获得本专业领域的操作技能，并培养自己的理论运用能力。

（四）自主性

大学生的学习具有高度自主性，主要表现在以下几个方面。第一，学习有更多自由支配的时间。据调查，除上课学习外，大学生约有45%甚至更多的学习时间可由自己支配。第二，学习的内容有较大的选择性。除了公共必修课和基础课，对于学校开设的选修课，大学生可以根据自己的兴趣、需要、特长进行选择，这都给了学生很大的自我选择的空间，有利于学生个性化发展。第三，学习方法自主性。大学生经过十几年学习，摸索总结了一些适合自己的学习方法和经验，在知识和技能的获取方面有较强的自我选择空间。

（五）探索性

大学生的学习具有研究和探索的性质，不仅表现在完成课业论文和毕业论文、参加学术报告会、讨论会上，而且表现在所学课程内容上。大学生的学习不单是掌握知识，而且要掌握科学知识的形成过程、科学的研究方法，了解各学科存在的问题及其解决的可能性。大学深造阶段是个人成为专业人才的关键阶段，在专业上有很多问题需要深入探究，因此，他们必须具有探索精神，培养发现问题、分析问题及解决问题的能力。

三、大学生学习的心理机制

（一）大学生学习的心理因素

大学生的学习心理结构包括学习动力、智能以及自我评定等诸多因素。它们可以概括为智力因素和非智力因素两大类。

1. 智力因素是学习的必要心理条件

智力是以脑的神经活动为基础的，对客观事物稳定且综合反应的认知能力，它表现出人脑对客观事物的反应深度、广度、速度和准确度。通俗地说，智力就是一个人大脑的聪明程度，即人脑对客观事物和信息的反应、认识、储存和处理的能力。

智力主要由注意力、观察力、记忆力、思维能力、想象力五个要素构成。在学习活动中，它们相互区别，又相互联系和贯通，作为一个整体发挥作用。一般来说，智力水平的高低对学习效率和质量有直接影响。

人的智力是在遗传的基础上，在环境影响和教育的主导下，通过人的积极主动的实践而形成和发展的，所以智力水平的高低既有先天的因素，也有后天的作用。先天因素决定一个人的智力潜能有多大，后天因素决定一个人能否充分开发自己的智力潜能，达到自己智力潜能的上限。如果不注重后天的开发，即使智力潜能较高的人，其智力水平也不一定高。一般大学生的智商和潜能处于人群的平均水平之上。因此，注重后天的开发和培养就更为突出和重要。

2. 非智力因素是学习的重要心理条件

非智力因素有广义与狭义之分。广义的非智力因素包括除智力因素以外的心理因素、环境因素、生理因素。狭义的非智力因素则指那些不直接参与认识过程，但对认识过程起直接制约作用的心理因素，主要包括动机、兴趣、信念、理想、情感、意志、性格等。

非智力因素在学习过程中的作用主要有以下几方面：一是启动作用。它又分为内部动机与外部动机。内部动机由学生的理想、学习的目的或对学习材料的认知兴趣所产生，外部动机则是由外部条件推动而产生学习积极性的心理动因，它们都对学习活动起着启动和助推作用。二是指向作用。其主要为智力发展选择目标。三是维持和调节作用。学习是个复杂而艰苦的过程，伴随有多种多样的心理变化。有时信心十足，有时心灰意冷，这就需要兴趣、意志和性格等非智力因素去调节不良心境。四是强化作用。它在智力发展中具有不可忽视的意义，如良好的情感、坚强的意志都能起到提高学习兴趣和学习效率的强化作用。五是补偿作用。由于先天与后天的客观原因，学生的智力会存在这样或那样的不足，而非智力因素能对其起到补偿作用，"勤能补拙"就是这个道理。

（二）大学生学习心理的运行机制

大学生学习心理的运行机制是指大学生在学习过程中的心理活动及其规律。学习的过程是一个连续获取知识和信息、发展智力的过程。它一般包括感知、理解、巩固和运用四个阶段。

感知阶段是大学生学习过程中的第一个阶段。感知的形式主要有两种：一是直接感知，如大学生通过观察、实验、调查、访问、实习、参观等方式获得感性认识；二是间接感知，主要指通过教师的讲解、阅读教材等间接接触所要感知的内容，以获得感性认识。

理解阶段是大学生学习过程中的第二个阶段。在这个阶段，大学生通过自己的思维和想象，对感知的材料进行编码、加工、分析、比较、综合、判断、推理，以便形成概念、理解实质。对自己理解不了的内容，可求助老师、同学，互相交流、探讨，或到图书馆查阅相关资料。

巩固阶段是大学生学习过程中的第三个阶段。在理解、消化的基础上进行巩固、加深，是学习过程中十分重要和必要的环节。大学生巩固知识的方式或环节主要有复习、作业、练习、讨论等。

运用阶段是学习过程的暂时终结阶段。运用就是把自己感知、理解后的东西运用到实践中去，在学习、生活和工作中发挥作用，以便形成相应的技能和技巧。之后便是学习新知识过程的下一个循环。

大学生的学习活动是智力因素和非智力因素的协同活动。智力因素主要承担对知识信息的接收、储存、加工和处理任务，被称为学习活动中的操作系统。非智力因素在学习活动中主要起动力和调节作用，被称为学习活动的动力系统。对绝大多数大学生来讲，他们在智力因素发展水平上的差距并不大，而非智力因素在学习活动中则起着主要作用。

在学习活动中，智力因素决定一个人能不能干，非智力因素决定一个人肯不肯干。

四、大学生学习的心理特点

（一）大学生智力因素发展的特点

1. 大学生的观察力

大学生正处于青年时期，由于抽象思维能力和认识水平的进一步发展，这时期的观察力水平同少年时期相比有很大的提高，主要表现出以下特点：一是观察事物的目的性更加明确；二是观察事物的敏感性进一步增强；三是观察事物更趋于系统、全面；四是观察事物具有相对的深刻性和稳定性。

2. 大学生的注意力

大学生学习的目的性和自制能力更强，注意的指向性更加主动明确，能主动自觉地调节、控制自己的注意力，逐渐摆脱学习中单纯凭兴趣的影响。注意的集中性有了明显的提高。尤其是对那些抽象的公式、定义和枯燥乏味的内容也能主动地集中注意力。注意的范围、注意的稳定性、注意的分配和转移都有了进一步的发展，更加趋于协调。

3. 大学生的记忆力

随着年龄的增长，生理和心理机能的发展，大学生的记忆水平进入了记忆的黄金时期。其主要特点有：一是有意记忆成为记忆的主流。大学生能够根据学习的要求和自己的需要，主动自觉地、有意识地进行记忆，有意记忆已得到很大发展，逐渐成为记忆的主流。二是意义记忆能力得到了明显的发展。意义记忆是在理解记忆内容的基础上进行的记忆。大学生随着观察能力和理解能力的不断提高，意义记忆能力也显著提高。三是记忆容量大，记忆的敏捷性和持久性好。这都为学习活动提供了极好的生理和心理条件。

4. 大学生的想象力

大学生的想象力更加丰富，想象涉及的领域日益广泛。大学生有较明确的学习目标，因而在学习中的想象也多为有目的、有意识的想象，特别是再造想象更趋完善和精确，创造想象也有很大的发展。随着人生经验的积累，思想的日渐成熟，大学生越来越关注自己的理想与现实的结合，能根据现实情况的变化和个人的能力不断做出正确的判断，完善自己的理想，调整努力的方向，使自己的现实更接近理想。

5. 大学生的思维能力

大学生知识面较宽，思考的问题涉及面广，思维已有一定的深度。由于大学生自身知识和经验的积累已达到了相当的程度，为深刻认识事物和进行积极的思维创造了较好的条件。大学生在思维上的批判性也日渐增强，但大学生的思维仍相对较单纯。大学生掌握了较多的理论知识，经常会不自觉地运用这些理论知识去认识事物、解释现象、解决问题，其理论思维能力得到了锻炼，获得了较大的发展。

（二）大学生非智力因素发展的特点

1. 大学生的学习动机

一般来说，大学生的学习动机具有下列特点：一是学习动机呈现多元化现象。有的是为了报答父母多年来的养育之恩；有的是自己对某一学科有着浓厚的兴趣，立志在事业上有所作为；有的是为了改变自己的生活现状；等等。在学习过程中，往往是几种动机同时存在，但在一定时期总有一个动机起支配作用。二是学习动机具有日趋广泛的社会性意义。随着对社会认识的不断扩大和深入，自身社会责任感的进一步增强，随着对所学专业的深入了解，学习动机中的社会意义也更加突出。三是学习动机具有可变性。大学生的学习动机会随着社会及周围环境、所受教育、个人的经历、思想、需要、兴趣、情绪及家庭等因素的不断变化而变化。四是学习动机还存在着强弱变化的现象。在学习过程中要保持适当的动机强度，以获得最佳的学习效果。

2. 大学生学习兴趣的特点

大学生的智力和体力处于一生中最活跃的阶段，精力充沛旺盛，思想日趋成熟，思维灵活敏捷，学习兴趣的内容更加广泛和丰富。积极参加各种课余科技文化活动，并对国际政治、国家经济及社会发展的方方面面都有着浓厚的兴趣。大学生的爱好也是丰富多彩的。大学生的兴趣虽然十分广泛，但已有了很强的选择性，已能根据社会发展的需要和自己的理想抱负及具体条件有意识地控制、调节自己的学习兴趣，逐渐形成了自己的中心兴趣。由于大学生所学的学科知识，多数难度较大，内容较深，许多枯燥的内容难以直接引起自己的兴趣，所以，间接兴趣在学习活动中占据了主导地位。

3. 大学生的情绪和情感特点

大学生正处于生理发展的高峰阶段，情绪和情感活动非常丰富，情绪活动易于心境化，一种情绪体验经常能保持较长的时间。在特定情况下的情绪表现具有内向性，有的大学生的情绪表现与内心体验不完全一致，甚至相反。情绪易于波动，容易产生激情，表现出强烈的兴奋和冲动情绪。积极的激情可以激发大学生极大的学习热情，消极的激情则可能导致大学生情绪失控，甚至失去理智，做出违法乱纪的事来。因此，大学生只有充分认识到自身在情绪情感上的这些特点，才能扬长避短，更好地促进学习。

4. 大学生的意志特点

大学生的意志品质已呈现较高的水平，但发展不平衡。从总体说，表现为以下特点：一是自觉性有很大提高，但惰性不同程度地存在。二是理智感大大增强，但自制力仍显薄弱。他们已能较理性地思考和行动，努力地调节自己的冲动，但仍有不少大学生常常为自己的自制力弱而深感苦恼。他们感到自己容易受内在情绪和外界环境的干扰，导致自己想做的事做不到。三是有勇敢精神，但毅力却相对不足。大学生血气方刚，富有正义感，敢想敢说敢做，内心充满了为真理赴汤蹈火甚至牺牲自己的大无畏气概。然而，比起他们的勇敢精神，毅力则显不足，做事容易虎头蛇尾。四是果断性增强，但带有冲动性。由于独立性的提高，能力的增长，多数大学生的果断品质有较大发展，他们愿意自己选择，自己对自己负责，因而一般情况下，他们喜欢自己做决定，采取行动，表现得自信、果断。但有时这种果断带有轻率、冲动的特点，情绪色彩较重，事后容易后悔。

第二节　大学生学习能力的提升

大学生“学会学习”必须致力于学习能力的提升。而提升学习能力，应树立新的学习观念，优化知识结构，掌握学习策略，培养现代社会必备的学习能力，并开发学习潜能。

一、树立新的学习观念

树立新的学习观念是大学生提升学习能力的前提。因此，大学生要树立以下新观念。

（一）学会学习观

学习能力是现代人才必备的一种非常重要的能力。联合国教科文组织前助理总干事纳伊曼认为，“学会学习”的概念意味着受过教育的人将会知道从哪儿能很快地和准确地找到他所不知道的东西。在各级教育体系中，特别是高等教育阶段，如果现在人们用80％的时间来传授知识，用20％的时间来获得学习方法的话，这个比例要改变，甚至应该倒过来。未来社会不仅仅是“学历社会”，更应该是“学力社会”。大学生应该自觉培养和提高自身的学习能力，努力将“学会学习”贯穿于学习的全过程。

（二）全面学习观

全面学习观强调人才必须全面发展，因此学习也应当是全面学习。一是学习的基本要求既要学习科学文化知识和专业技术知识，又要学习如何做人，即"德才兼备"，在"德"与"才"中，"德"是放在首位的。二是在学习过程中，不但要获取知识，更要注重培养运用知识的能力。三是在学习过程中，要处理好"博"与"专"的关系。没有"博"，就难以"专"。大学生作为未来的高级专业人才，首先要有广博的科学文化知识，在此基础上，努力成为某领域的专业人才。

（三）自主学习观

自主学习观强调大学生在教师的指导下充分发挥自己的主观能动性，积极主动地学习。由于时代的发展，知识总量剧增，知识更新速度加快，学习内容越来越多，学习任务日益繁重。而大学生在校学习的时间是有限的，过去那种单纯依靠教师传授知识的学习方式已不适应时代需求了。学生是学习的主体，应当尽快培养自己独立获取知识和运用知识的本领。

（四）创新学习观

创新学习观要求大学生创造性地去学习。在学习中，大学生要不断激发自己的创新意识，不轻易相信现成的结论，不盲从他人；敢于突破思维定势，结合学习加强创造性思维的训练；要敢于思考，善于思考，大胆想象。在分析问题和解决问题时，要力求有自己独特的见解，力求从不同角度看待问题，用多种方法解决问题，从而在学习知识的同时培养和提高自己的创造性思维能力。

（五）终身学习观

终身学习观指的是学习始终贯穿于人的一生的观念。联合国教科文组织在《学会生存——教育世界的今天和明天》一书明确提出了"终身学习"的观点，号召人们向学习化社会前进。终身学习将通过"学会求知""学会做事""学会共处""学会做人"这"四大支柱"来实现。大学生在学校所学的各种知识和技能毕竟十分有限，不可能完全满足今后长期工作和生活的需要，这就需要人们不断地学习，维持和改善个人社会生活的质量。

二、优化知识结构

（一）知识结构的类型

知识结构指一个人经过专门学习或培训后所拥有的知识体系的构成情况与结合方式。学术界提出了四种人才知识结构类型：一是宝塔型知识结构。这种知识结构形如宝塔，由底部到顶部由基本理论、基础知识、专业基础知识、专业知识、学科知识、学科前沿知识构成。这种知识结构强调基本理论、基础知识的宽厚扎实、专业知识的精深。二是T型知识结构。这种知识结构是宽广的知识面与某一狭窄领域前沿知识的结合。宽广的知识面保证了人才具有广阔的视野，思考问题思路开阔，能够运用不同领域的基本知识和基本原理，而某领域的前沿知识保障了人才能够进入这一领域的前沿，深入探索专业问题。三是蜘蛛网型知识结构。这种知识结构是以自己的专业知识作为一个“中心点”，与其他相近的、作用较大的知识作为网络的“纽结”相互联结，形成一个适应性较大的，能够在较大范围内左右驰骋的，形如蜘蛛网的知识网。这种人才知识结构呈复合型状态，非常受现代社会用人单位的欢迎。四是幕帘型知识结构。这种知识结构是指一个具体的社会组织对其组织成员在知识结构上有一个总的要求，而作为该组织的个体成员，依其在组织中所处的层次，在知识结构上存在一些差异。这种知识结构强调个体知识结构与组织整体知识结构的有机结合。

（二）选准目标优化结构

优化知识结构首先必须选准目标。大学生都有自己的个性特征和知识基础，应根据自己所选择的职业来选择自己应该建立的知识结构类型。如果你所选择的是综合管理性的职业，那么你应该建立的是蜘蛛网型知识结构，成为复合型人才。如果你将来想从事自然科学或社会科学的研究工作，这项工作对专业基础知识、专业知识、学科知识及学科前沿知识要求都比较高，应该建立宝塔型知识结构。如果你将来想从事企业研发职业，若你从事的是一种技术含量不高，但却要集成多种技术的一类产品研发，你应该建立蜘蛛网型知识结构；若你将要开发的产品种类技术比较单一，但专业性极强，你就应该建立T型知识结构；若要开发的产品介于上面两种情况之间，建立宝塔型知识结构更为合适。

优化知识结构应该遵循以下原则：一是整体性原则，即专博相济，一专多通，广采百家为我所用。二是层次性原则，即建立合理的知识结构，必须从低到高，在纵向联系中，划分基础层次、中间层次和最高层次，没有基础层次，中间层次就会成为空中楼阁，没有高层次，则显示不出水平。因此任何层次都不能忽视。三是比例性，即各种知识要合理配比。四是动态性原则，即所追求的知识结构决不应当处于僵化状态，而是能够不断进行自我调节的动态结构，以适应时代发展的需要。

三、掌握学习策略

学习策略指学习者为完成学习任务而制订的认知计划。教育心理学将学习策略分为认知策略、元认知策略和资源管理策略三类。掌握学习策略才能更有效地学习。认知策略指学习者获取信息、加工信息、提取信息的过程的一些方法和技术，包括复述策略、精细加工策略、组织策略。在这些策略中，大学生应重点掌握记忆策略和复习策略。元认知策略指学习者对自己学习活动进行反省的策略，包括计划策略、监督策略、调节策略。其中计划策略尤为重要。资源管理策略包括学习时间管理、学习环境管理、社会资源利用管理策略。其中学习时间管理和学习资源利用十分重要。

（一）记忆策略

一是复述。复述策略是记忆的一个基本策略。在学习中，大量内容是通过重复而保留到大脑中来，以此提高对记忆对象的熟悉程度和增强记忆的牢固性。

二是排除相互干扰。一般来说，前后所学的信息之间存在着相互干扰。先前所学的信息对后面所学信息的干扰叫作前摄抑制；后面所学的信息对前面所学信息的干扰叫作倒摄抑制。在安排复习时，要尽量考虑预防两种抑制的影响,尽量错开两种容易混淆的内容。

三是应进行整体识记和分段识记。对于篇幅短小或者内在联系密切的材料,适于采用整体识记,即整篇读,直到记牢为止。对于篇幅较长或者较难或者内在联系不强的材料,适于采用分段识记,即将整篇材料分成若干段,先一段段地记牢,然后合成整篇识记。

四是多种感官参与。在进行识记时,要学会同时运用多种感官。有心理学家证明,人的学习83%通过视觉,11%通过听觉,3.5%通过嗅觉,1.5%通过触觉,1%通过味觉。这说明,多种感官的参与能有效地增强记忆。

五是应及时复习。心理学的遗忘规律告诉我们,识记一结束,遗忘就开始了,遗忘的特点是先快后慢,先多后少。因此,学习结束后要及时复习。

(二) 复习策略

利用组织策略进行复习,能起到事半功倍的效果。组织策略是学习者按照材料的特征或类别进行整理、归类或编码,组织的具体方式、方法或途径的策略。一些常用的组织策略有:

一是列提纲。列提纲时,先对材料进行系统的分析、归纳和总结,然后,用简要的语词,按材料中的逻辑关系,写下主要和次要观点。

二是利用图形。首先是系统结构图。学完某学科知识,对学习材料进行归类整理,将主要信息归成不同水平或不同部分,然后形成一个系统结构图。其次是流程图。流程图可用来表现步骤、事件和阶段的顺序。再次是模式图或模型图。模式图就是利用图解的方式来说明在某个过程中各要素之间是如何相互联系的。最后是网络关系图。这种关系图可以解释各种观点是如何相互联系的。

三是利用表格。制作一览表,首先对材料进行全面的综合分析,然后抽取主要信息,并从某一角度出发,将这些信息全部陈列出来,力求反映材料的整体面貌。例如,学习中国历史时,可以时间为轴,将朝代、主要历史人物、历史事件全部展现出来,制成一幅中国历史发展一览图。

（三）计划策略

计划策略包括设置学习目标、浏览阅读材料、提出待回答的问题以及分析如何完成学习任务，并对计划的实施进行评估和调整。

首先是制订学习计划。其次是在学习过程中，根据计划、目标及时评价、反馈学习活动的结果与不足，正确估计自己完成学习目标的程度，并且根据有效性标准评价各种学习行动、策略的效果。如阅读时对材料进行自我提问、考试时监视自己的速度和时间等。最后是根据对学习活动结果的检查，及时修正、调整计划。

（四）学习时间管理策略

首先应高效利用最佳时间。在不同时间里，人的体力、情绪和智力状态是不一样的，因此，对学习时间的要求也是不同的。要根据自己的生物钟安排学习活动，可以根据一天或一周内学习效率的变化安排学习活动。人在不同的时间学习，学习精神状态和注意力会发生变化。一般来说，存在先高后低、中间高两头低、先低后高三种变化模式。每个人要根据自己的模式，安排学习内容，确保在状态最佳时学习最重要的内容。

其次应灵活利用零碎时间。大块时间的学习容易积累疲劳，学习效率受到一定影响，利用零碎时间学习能使大脑处于兴奋状态，效果甚佳。而且，利用零碎时间学习一些必须熟记的生词、公式、规则等，有利于反复记忆，加深印象。利用零碎时间学习的技巧很多，例如，准备一个可随身携带的小本子，记上一些知识点、关键词，有空就读一遍。

（五）学习资源的利用策略

学习资源的利用包括学习环境的管理、学习工具的利用以及社会人力资源的利用。

大学生应选择干扰较少的场所学习，尽量避免使人分心的环境刺激。保持学习场所的整洁至关重要，在脏乱的环境中人容易心烦意乱。学习时光线也很重要。研究发现，照明不好会损伤视力，导致全身紧张、眼胀、头痛、失眠，并且会导致注意力不集中。

同学们可以利用的学习工具有参考资料、工具书、图书馆以及网络等，还可以请教老师和同学。

四、培养学习能力

学习能力是直接影响学习活动效率的个性心理特征。它是在一般能力，如观察力、记忆力、思维能力等基础上发展起来的。

（一）信息获取与处理能力

大学生能运用科学的学习方法去独立地获取信息，能根据自己的学习目标有效地搜集和选择各种学习信息，能熟练地使用阅读、访问、讨论、参观、实验、检索等获取信息的方法，并能对搜集的信息进行理解、归纳、分类、记忆、批判、鉴别、遴选、分析综合、抽象概括和表达，然后解决实际问题。

（二）实际操作能力

实际操作能力就是在实际活动中表现出来的，将思想、理论转化为技术和行为的能力。现代社会对实际操作能力要求越来越高，越来越精细。因此，我们应当充分利用大学的各种条件和资源，努力提高自己的实际操作能力。

（三）研究探索能力

研究探索能力是一种综合性能力，它是建立在逻辑推理能力、思维能力、空间想象能力、分析问题能力、解决问题能力等基础上的能力。大学生要努力培养自主思考和自主创新的学术研究能力，能根据老师指导的研究方向，独立探索有研究价值的科研问题，并完成分析解决问题的后续工作。

（四）竞争与合作能力

竞争与合作能力是现代社会、未来社会必须具备的能力。同时，创造性成果的取得往往不是一个人单枪匹马能够实现的。因此，作为一名当代大学生，我们不仅要学会竞争，而且要学会合作。

（五）自我反省与监督能力

自我反省与监督能力是学习中一个不可或缺的组成部分，它是指个体对自己学习或活动过程的自我认识、自我评价和自我调节的能力。在未来社会，一个人的成功最重要的不是取决于一个人的智慧，而是取决于一个人能有效地运用自己的智慧，成功属于那些能够最有效地运用自己智慧的人。

（六）网络学习能力

当代大学生必须具备网络学习能力，这是在网络高度发展的现代社会必须掌握的技能之一。首先，大学生应能熟练使用各种网络传播工具。了解和掌握因特网浏览器、在线图书馆、杂志、报纸、全文电子资源的功用，学会查找文献，获取并且处理信息。利用文字处理、图像处理、电子表格和Web网页制作工具来创建文档、图像、图表、讲演稿和网页等。

五、开发学习潜能

潜能是代表一个人潜在的，尚未完全表现出来的能力倾向，它是个人发展的一种内在特质，是由智能、个性、兴趣、动机、价值观等多种因素构成的一个有机整体。个人潜能既包括一些天赋，又包括一些后天学习的经验，最终形成个人的一种独特风格。大学生要开发学习潜能，最重要的是要在正确认识自己的基础上，培养创造性思维，并塑造创造型人格。

（一）培养创造性思维

创造性思维并不是一种独立的思维形式和方法，作为思维活动中最积极和最有价值的形式，它指的是在感性认识的基础上，综合、统一、协调各种逻辑和非逻辑思维（包括灵感、直觉等），从而发挥思维创新性效率的心理过程。创造性思维是逻辑思维和非逻辑思维的辩证统一。逻辑思维的条理性、准确性和严谨性同非逻辑思维的流畅性、灵活性、独创性一起构成创造性思维的互补性结构。对大学生而言，创造性思维能力的具体训练方式多种多样，应根据自身的特点因时、因地进行选择。但总的看，可从两个方面把握训练。

一是拓展思路的创造性技法的利用。这是从创造性思维形成的客观环境着眼。任何新观念的产生总是受到环境中某些因素的启发和提示，从而激发创造欲望。归纳科技史上的创造性技法主要有如下几种：综合、移植、杂交、改变、放大、缩小、转化、代替、重组等。

二是创造性思维能力的具体技巧的训练。如何进行思维的发散，开发新的创造性技法，是创造性思维的根本。何名申曾提出了十多种具体的创造性思维技巧，可以作为大学生训练的借鉴。这些技巧是：认清问题想、跳出框架想、朝四面八方想、倒过来想、换个角度想、拐个弯想、傻乎乎想、抓住机遇想、用形象想、凭直觉想、激发灵感想、梦里想、让两个车轮都转起来想，要求将逻辑思维与非逻辑思维有机结合起来进行创新思考等。

（二）塑造创造型人格

创造个性即创造者区别于他人的个性总和中独具特色的部分，重在其个性的独特性。我国学者通过研究，发现那些自信心、责任感、荣誉感、进取心强，有奉献精神、有恒心、有强烈的好奇心和丰富的想象力并具有冒险性和挑战性倾向的学生往往具有较高的创造力。对于大学生而言，创造个性的培养，主要应针对自身个性特点而进行自我完善。它包括如下两方面内容：

一方面，应深刻体验自我，准确评价自我个性。了解自己性格中的长处和短处，有利于准确、客观地把握、发展、创造个性的起点，做出符合实际的自我选择。倾听他人的评估，将自我评估与他人评估相比较，从而全面公正地看待自己。将自我个性中的消极面和积极面分类列出，并注明哪些需要改善和更新，哪些需要继续保持或强化。

另一方面应认真调整自我，积极塑造、创造个性。首先要调整心理状态，克服性格弱点。其次要培养高尚情操，注重个性完善。再次要保持心境开朗，激发创造欲望。最后要加强意志锻炼，形成良好习惯。坚强的意志是创造成功的保证，也是改变不良性格，形成良好的学习、工作和生活习惯的保障。

第三节　大学生学习心理障碍的调适

由学习引起的心理障碍，如学习动力不足、学习动机过强、学习疲劳、考试紧张焦虑等，不仅对学生的学业成绩产生直接影响，而且对学生身心健康产生间接的不良效应。因此，了解大学生学习心理障碍产生的原因及危害，学习相应的调适方法，不仅有利于优化大学生的学习心理品质，而且有利于提高大学生的整体心理素质。

一、学习动力不足及调适

（一）学习动力不足的表现及原因

1. 学习动力缺乏的表现

学习动力缺乏主要表现如下：一是学习无目标无计划，过一天是一天，做一天和尚撞一天钟。二是注意力分散。学习动力缺乏会使注意力涣散、兴趣转移，学习易受各种内外因素的干扰。三是厌学情绪强烈。不愿上课，千方百计逃课。四是学习无成就感、无抱负和期望，无求知上进的愿望。

2. 学习动力缺乏的原因

学习动力缺乏的原因是复杂的，归纳起来有以下两个方面：

内因，指来自大学生自身的原因。一是学习动机不正确，社会责任感不强。二是对所学专业缺少兴趣。三是不正确的归因。以两个成绩优秀的学生为例，若学生甲将自己的成功归因于能力，使他充满信心；学生乙将成功的原因归于运气，心存幻想希望下次再碰上好运气。四是对自己的能力缺乏正确的判断。

外因，指来自社会、学校、家庭等方面的原因。学校专业设置过细，一定程度上脱离社会需要，导致择业困难；课程设置不合理，教学内容陈旧，方法单一，教学效果不佳；教学管理不严，教学条件跟不上。有的家庭急功近利，为子女选择专业，不考虑子女对这些专业是否有兴趣、是否适合学习。外在诱因过强，特别是电子游戏、网上聊天等，当这些诱惑远远大于学习诱惑时，学生的学习兴趣就会大大降低。

（二）学习动力不足的调适策略

1. 强化学习动机

学习动机是学生学习活动的主观意图，是推动学生进行学习的内在力量。一是要明确学习目的，增强社会责任感。一切从集体、社会、国家利益出发的学习目的，都是正确的。在与社会需要相适应的学习动机促使下，才会产生学习的自觉性。二是要积极参加校园文化活动，激发强烈的求知欲。大学中的校园文化活动是丰富多彩的，根据自己的兴趣有选择地参加，对激发求知欲，增强学习动机有帮助。三是要制订合适的学习计划来强化学习动机。

2. 培养学习兴趣

学习兴趣是学习过程中一种积极的心理倾向。大学生要想在学习中发挥积极性和创造性，就要培养对所学知识的浓厚兴趣。学习兴趣是可以在学习过程中逐步培养的。可以通过多读、多听、多看、多实践来培养学习兴趣。多读专业相关书籍、报刊，把握学术动态；多听学术报告会，了解学术动态和本学科当前最新研究成果；多看一些学术成就展览，以激励兴趣；多参加学校的各种科技文化实验活动，做到理论联系实际，增长技能，培育科研兴趣等。

3. 进行积极归因

当把一件事情的成功归因为“我非常努力”，把失败归因为“我努力不够”，便可以让学习者相信，学习的成败是掌握在自己手中的。大学生应当多从自己的努力程度、学习方法、学习基础方面找原因，以便及时找到问题的症结所在，有针对性地进行改进，切不可动不动就怀疑自己的能力有问题。

4. 增强自信

可以从比较容易成功的学习任务开始，不断积累小成功，并逐渐增加任务难度，这会强化对自己能力的肯定，增强自信心。有了充分的自信心后，即使遇到一些挑战性的任务或暂时的失败或挫折，也能保持积极进取的学习状态。

二、学习动机过强及调适

（一）学习动机过强的表现及原因

1. 学习动机过强的表现

某些学习动机过强的大学生表现为急于取得成就，并想事事超过他人。在学习中总是对自己当前的行为和表现不够满意，经常自责。经常给自己设置一些很难达到的目标，施加自己无法承受的压力，有的表现为过于勤奋，学习强度过大，每天学习时间过长，不能劳逸结合，致使注意力不能集中，记忆力下降，思维迟钝，情绪长期处于高焦虑状态，甚至会经常出现头昏、耳鸣、失眠多梦等躯体症状，导致学习成绩下降。

2. 学习动机过强的原因

一是对自己能力认识不足，估计过高，抱负与期望超出自己实际水平。二是不恰当的认知模式。他们认为，“只要我付出了努力，我就一定会成功”。可是现实中的事情并非如此简单。努力只是成功的必要条件而不是唯一条件。三是某种补偿心理。四是他人不适当地强化。一些大学生因学习刻苦努力而常常受到家长、老师、同伴的赞扬，这种赞扬会促使这些同学更加努力学习。此外，自尊心过强、做事过于认真、追求完美、好强、固执等性格特征，以及严厉的家庭教育方式和家长的期望值过高，也会导致学生的学习动机过强。

（二）学习动机过强的调适策略

1. 遵循耶克斯-多德森定律

心理学家耶克斯和多德森研究发现，动机强度与工作效率之间并不是线性关系，而是倒U形的曲线关系。中等强度的动机会带来最好的学习效果，因而是最佳动机水平。学习动机强度过高，学生心情过分紧张，无法集中注意力，会导致知觉范围变窄，思维活动呆板，学习效果也不会好。可见，动机的最佳水平不是固定的，依据任务难度的不同性质会有所改变。大学生应遵循耶克斯-多德森定律，在完成简单的任务中，保持较高动机强度；在完成难度适中的任务中，保持中等动机强度；在完成复杂和困难的任务中，保持偏低动机强度。这样学习效率最佳。

2. 建立正确的认识模式

认识和调整不现实的学习目标，找出自身关于学习的不合理信念，建立正确的认知模式。例如，把“只要我努力了，我就能获得成功”的片面的认知观念调整为“只有努力了才有可能成功”或者“努力＋能力＋环境＝成功”。学会调整观点，学会把关注点聚焦在学习活动中，而不总是在学习的结果上。

3. 进行恰当的自我评价

学习动机过强的学生应该对自己的能力有正确认识，使自己的抱负和期望切合自己的能力发展水平，既不好高骛远，也不操之过急，制订切实可行的，与自己的远大目标相结合的阶段性目标，脚踏实地、循序渐进地进行学习。

4. 以宽容的心态对待自己

调整自己的抱负和期望水平，以宽容的心态对待自己，降低对学习成败的敏感度，保持情绪的稳定，借助放松法克服严重的学习焦虑，同时积极参与各种有益身心健康的校园文化活动，注意培养多方面的兴趣爱好。

三、学习疲劳及调适

（一）学习疲劳的表现及原因

1. 学习疲劳的表现

学习疲劳是因长时间持续进行学习，在生理、心理方面产生的劳累，致使学习效率下降，甚至头晕目眩，不能继续学习的状态。大学生学习疲劳主要分为生理疲劳和心理疲劳两种。生理疲劳主要表现为：头、颈、臂、背等部位的肌肉会产生痉挛、麻木、酸胀、疼痛的感觉，四肢动作不准确，眼球发胀，无精打采，瞌睡不断等。心理疲劳主要表现为：感觉活动器官机能下降、记忆和思维功能下降，失眠、情绪躁动、忧郁、易怒、烦躁，从而导致学习效率下降。生理疲劳和心理疲劳相伴产生，相互影响。

2. 学习疲劳的原因

造成学习疲劳的主要原因有学习时间过长，学习时过分紧张，注意力高度集中；持久的积极思维和记忆；学习材料安排不当；缺乏学习的兴趣；在异常的气温、湿度、噪声和光线不足等环境下学习；睡眠不足等。当然每个大学生的疲劳指数是有个别差异的。有人可能学习两个小时就疲劳了，有人学习四个小时仍然精力旺盛，有人可以在一个小时内接受很多内容，而有人接受很少的内容就头昏脑涨了。

（二）学习疲劳的调适策略

学会科学用脑能克服学习疲劳。首先，要注意学习和休息的张弛有度。要知道不懂得休息的人也不懂得学习，连续学习，不仅降低效率，还易导致神经衰弱等躯体病症。其次，注意大脑营养，保持充足睡眠。最后，适当参加文体活动，提高大脑工作效率。合理安排，注意用脑时间。用脑时间安排应注意个体生物节律的作用。所谓生物节律，是指个体智力、体力、情绪等有规律的周期性波动，它是兴奋和抑制相互诱导规律的具体表现。利用生物节律是保持良好精神状态，从而在有限时间内以有限精力获得优异成绩的一个重要因素。

四、考试焦虑及调适

考试焦虑是学生在考试过程中（包括考前复习阶段和考试进行中）预感考试失利或对考试无把握而产生的焦躁不安的情绪状态。适度的焦虑可以避免动机过弱，保持大脑活动适当的紧张度，提高大脑活动的积极性。过度焦虑才是有危害的。

（一）考试焦虑的表现及原因

1. 考试焦虑的表现

过度焦虑状态会产生一系列生理上的反应，如皮肤出汗，面色苍白，嘴发干，呼吸加快，等等，这一系列的身体反应使人感到不舒服，产生不安全感，并试图摆脱它们，从而分散了注意力，扰乱了正常的思维。具有高度考试焦虑的学生，有的会在考前出现明显的生理心理反应，如过分担忧、失眠健忘；在临考时心慌气短、呼吸急促、频频上厕所、判断力下降、大脑一片空白。过度焦虑不但不能保证正常的学习，还会引起一系列的心理问题，甚至会导致焦虑型人格。

2. 考试焦虑的原因

适度的焦虑是大学生的正常反应，有助于大学生调动生理能量和心理能量，正常甚至超常发挥。但过度焦虑无益于身心，且对考试成绩有害无利。为什么有些大学生会产生过度焦虑呢？

客观因素，首先来自考试本身，考试成绩是大学生学习状况和学习能力的反映，会影响大学生的切身利益、他人评价及自尊自信。其次来自教师、家长和社会的压力。整个社会目前都有些过度关注学生的重大考试，如高考、大学英语四、六级、研究生入学考试等，这会给学生带来很大的心理压力。主观因素则在于大学生自身。一是过去曾有过失败的经历，产生了失败的自我暗示，进而产生紧张和焦虑。二是夸大了现实的压力，造成心理压力过大，就会产生考试焦虑。三是缺乏自信心。过去失败的经历也好，现实的压力也好，它们能否造成考生的紧张焦虑，归根结底还是要通过考生的自信心起作用。四是过于看重考试。五是考前准备不足。

(二) 考试焦虑的调适策略

大学生可以通过认知矫正、行为矫正和运用恰当的应试策略来克服考试焦虑。

1. 用科学的态度对待考试

有考试焦虑的大学生首先应该改变不合理的认知。许多紧张、焦虑都是由于不正确的自我认识和自我评价引起的。大学生应当摆正考试在自己心目中的位置，明白考试只是衡量学业的一项指标，而不是学习生活的全部，尤其要明白考试不是自己命运的决定性因素。其次应该调整目标，当发现自己把目标定得太高了，就要及时做出调整，保持恰当的学习压力。最后要将精力投入准备考试的过程中。注重考试的准备过程，降低对考试结果的关注，考生才能正常发挥个人潜能。

2. 进行行为矫正

可采用系统脱敏的方法对考试焦虑的学生进行行为矫正。做考试焦虑的系统脱敏训练时，首先要对考试焦虑的程度做一个焦虑等级划分。其次在治疗时，先要做放松训练，待全部放松训练完成后，按假定焦虑等级依次想象，若不紧张，肌肉呈松弛状态，便可转入下一个场景；若感到紧张就再做一次放松训练。以此类推，直至不紧张为止。

3. 学会运用应试策略

考前要做好充分准备，包括两个方面：一方面是做好知识上的准备，主要靠平时学习和考前复习；另一方面是做好心理上的准备，学习者在心理上要有备考的倾向性，保持中等程度的动机水平。心理上的准备可以帮助考生保持心情的平静，以平常做作业的心态进行考试，就不会感到紧张和焦虑。

第四节　大学生创造力的培养

创造性思维作为创造性活动的前提和基础，对于培养当代所需的具有创新能力的高素质人才起到了至关重要的作用。

创造性思维是指在创新欲望和热情的驱动下，突破传统思维习惯和逻辑规则，以新颖的思路来阐明问题、解答问题的一种思维方式。通过这种思维不仅能揭示客观事物的本质及其内在联系，而且能够突破已有的知识、经验的局限，产生新颖的、前所未有的思维成果。

一、创造性思维的主要特征

作为人类的高级思维活动，创造性思维具有以下几个显著特征。

1. 新颖性

创造性思维的新颖性是创造性思维最本质的特征。主要表现在思路的选择上、思考的技巧上和思维的结论上，具有前无古人的独到之处。在前人、常人的基础上有新的见解、新的发现、新的突破，从而在一定范围内开拓出新的天地。

2. 求异性

由于创造性思维的立足点是“创新”，思维的结果倘若没有新意，也就谈不上是创造性思维。因此，创造性思维就其思维的性质来看，它本质上是一种求异思维。这一特征贯穿于创造性思维活动的始终。在具体的思维过程中表现为两个方面：

一是求同中之异，即不满足于某些已被人们奉为经典的结论，而是勇于打破常规惯例，致力于从不同的角度求得新的理解和认识，独辟蹊径，提出一些使人意想不到的有价值的见解。

二是求独到之异，即不满足于众人正在研究的已知领域，更注重去探求未知天地，力图开创人类认识的新领域。求异思维正是创造生命力的体现，它是产生创造性思维成果的摇篮，是新思路、新方法、新理论的生长点。

3. 敏锐性

思维的火花往往稍纵即逝，它要求我们对异常现象、新奇现象要有敏锐的感受性，能迅速地认识其价值，并牢牢地抓住它。它能够迅速地对外界的刺激做出反应，敏捷地捕捉到现存的问题以及解决问题的正确途径和方法。它同样有两方面的内涵：其一，是指对问题的敏感。通常在外界的刺激中，习常性思维主体只感知自身事先已熟知的那些刺激物，其余信息由于缺乏敏锐性便不知不觉地被放过了；而作为创造性思维主体，则是能够敏锐地发现该信息的不寻常之处，产生疑问，继而对其进行深入思考，最终取得崭新的成果。其二，是指对联系的敏感。习常性思维主体常常对貌似无关的现象不予重视，而创造性思维的主体则能独具慧眼，敏锐地把它们联系在一起，窥视其潜在的意义，从而形成新思想、新观念。

4. 非逻辑性

由于创造性思维是一种开放的、灵活多变的思维活动，并且伴随有“想象”“直觉”“灵感”之类的非逻辑、非规范思维活动，所以这类思维活动具有极大的特殊性、随机性和技巧性，它们往往因人而异，因时而异，不存在普遍适用的、固定而规范化的方法和程序，因而也不存在完全可以模仿、模拟就取得成功的途径。创造性思维的非逻辑性，其机制就是不拘泥于原有的理论框架，而是突破常规，最终迸发出超常或反常的新思想、新观念。

5. 综合性

创造性思维中既有聚合思维，又有发散思维；既有抽象思维，又有形象思维，它是聚合思维和发散思维、抽象思维和形象思维的统一，是多种思维类型的相互作用而产生的整体思维功能。创造性思维是融各种思维形式于一体，是各种思维形式综合作用的结果。

6. 价值性

人类所取得的一切科学技术和文化艺术成果归根结底都是创造性思维的结晶，创造性思维必须为人类文明宝库增添新的成分。这说明创造性思维的产物必须对人类有益、具有社会价值，即创造性思维必须对人类发展做出有价值的贡献，而绝不能成为无效思维。最终检验创造性思维的标准，就是以价值为尺度的实践。

二、当代大学生创造性思维的培育

1. 注重知识积累，增强自身文化素质

首先，作为当代大学生应时刻注意日常知识的积累，为创造性思维的培养打下良好的基础。知识与信息是激发灵感、诱发想象、形成直觉的重要因素。对我们大学生而言，要学会从书籍中、实验中、日常生活中积累各种知识。就知识类别而言，既有课内知识与课外知识，又有理论知识与实践知识；既有智育知识与德育知识，又有自然知识与人文知识。这些知识的获得与积累是创造的源泉。

2. 打破思维定势，克服从众心理

在传统思维模式的禁锢下，惯性思考会使我们的思路闭塞、思想僵化。长年累月沿着同样的思路行进，考虑的次数越多，重新采用新的思路的可能性就越小。因而，我们必须打破思维定式的束缚，实现思想上的“跨越”。我们可以通过参加学术讲座、科学技术研讨会、进行社会实践等方式，听取不同的意见与想法，从多个角度来思考问题，打破我们自身的思维定势。

由于缺乏自信心而导致的从众心理易使我们人云亦云，随波逐流，从而降低了我们的思维深度与广度。研究表明，创造性思维与思维独立性、思维灵活性、思维怀疑性、思维广度和思维深度有直接关系。我们要想培养好自身的创造性思维，必须另辟蹊径、标新立异，走出从众的误区。

3. 加强教学工作，为大学生创造性思维的培养奠定良好的基础

在日常教学工作中，应继续重视基础知识的教学工作。知识教育是创新教育的基础，创新教育必须以知识教育为依托，才能显示旺盛的生命力。所以，高校必须继续重视和强化知识教育，用最新、最前沿的知识来武装学生，同时还要积极引导学生不断激活内在的知识储备，及时重组和不断补充新知识，以便为其创造性的发挥奠定坚实的知识基础。

4. 开展思维训练活动，鼓励学生敢于创新求异

创造性思维具有洞察敏锐、想象丰富、灵活多变等特点，这种思维贵在打破常规，改变思维的形式与方向，多渠道地、全方位地去思考问题。思维的活跃度、开放度、新颖度是整个创造活动智力结构的核心，是创造能力彰显的突破口。因此，引导大学生以全新的思维和视角看待各种问题是创造性思维训练的关键。

大学生的创造性思维训练应侧重于以下四个方面：

(1) 培养大学生积极的求异思维。勇于存疑、乐于质疑是求异思维最显

著的特点，教师要在教学过程中鼓励并引导学生不受任何框架、任何模式的约束，勇于突破传统观念和思维模式的禁锢，从新的角度认识问题，以新的思路、新的方法去解决问题，去创造前所未有的新成果。

(2) 培养大学生敏锐的观察力。积极主动地观察任何有价值的事物，善于在观察中思索，以求得新发现、新思路。观察得是否细腻，是否全面，是否深刻，是训练大学生观察能力的主要内容。

(3) 培养大学生创造性的想象。想象力是创造活动中最活跃的因素，没有想象就没有创造的欲望和创造的意象。想象力的培养主要在于积累丰富的素材，丰富的素材积累，可以为学生们想象力的发展提供足够的条件和可能性。

(4) 提高大学生灵感的活跃度。积极主动的思考是灵感产生的内在心理条件，外界信息的刺激与愉悦的精神状态是灵感诱发的外因。因此，教师的课堂教学是诱发学生学习兴趣的关键，教师要善于运用质疑问难、假设求证、发散求异、智力激励等多种教学方法营造良好的课堂教学氛围，以吸引学生关注知识，激发他们的灵感。

5. 重视大学生非智力因素的培养

(1) 培养大学生的创造意识与热情。一个人的创造力开发到什么程度，主要取决于有没有创造意识和创造热情。创造意识和热情是发展创造力的动力。创造意识离不开自信心，自信心是一切创造者共有的个性品质。因此，教师必须高度重视对学生自信心的培养，这将有利于发展学生的创造意识。

(2) 磨炼大学生的创造意志。创造意志与创造热情有着密切的关系。意志对情感和情绪起着调节的作用，正是意志使人的情绪服从于理智。要培养学生的自我调节能力，使其能自觉地控制自己的情绪，约束自己的言行。

(3) 重视大学生的个性发展。许多调查发现，那些不善于交际却沉湎于个性和独立性兴趣活动的学生，比如“偏才”“怪才”，恰恰表现出了更好的创造性。这就是说创造性教育必须允许和鼓励学生的个性发展。个性以及表现在行为上的独立性是人的创造性的基础，有利于取得创造性成果。因此，必须高度重视大学生个性的培养。

6. 创造一个适合大学生创造性思维发展的环境

（1）积极开展各种创造性活动。开展创造性活动是使大学生的创造意识转化为实践的重要途径。同时，在创造活动过程中，还可以发现新事物、启发新观点，形成新思想。因此，高校应该组织大学生开展各种兴趣小组活动、科技活动等，使大学生的创造潜能够得到充分发挥。

（2）开展高水平的学术活动。高水平的学术活动可以开阔眼界、启迪思维，对培养大学生的创造性思维也起着重要的作用。高校要经常邀请各个学科领域的著名专家、学者等来校举办学术讲座和报告会，介绍学科发展的前沿问题、科研和创新、创造性思维的培养等，使大学生从中体会出如何提高自己的创造性思维能力。

（3）开展丰富多彩的竞赛活动。高校要经常开展各种类型、各种层次的竞赛活动，使大学生置身于这些活动所孕育的创造性氛围之中，激发他们的创造欲望。另外，还应鼓励他们参加省市和全国组织的各种竞赛活动，使大学生在参加活动的过程中，提高自己的创造性思维能力。

知识窗

一生的学习

本杰明·富兰克林(1706—1790)是18世纪美国的实业家、科学家、社会活动家、思想家和外交家。

1706年1月17日，本杰明·富兰克林出生在北美洲的波士顿。他的父亲原是英国漆匠，当时以制造蜡烛和肥皂为业，生有10个孩子，富兰克林排行第八。富兰克林8岁入学读书，虽然学习成绩优异，但由于他家中孩子太多，父亲的收入无法负担他读书的费用。所以，他到10岁时就离开了学校，回家帮父亲做蜡烛。富兰克林一生只在学校读了两年书。12岁时，他到哥哥詹姆士经营的小印刷所当学徒，自此他当了近10年的印刷工人，但他的学习从未间断过，他从伙食费中省下钱来买书。同时，利用工作之便，他结识了几家书店的学徒，将书店的书在晚间偷偷地借来，通宵达旦地阅读，第二天清晨便归还。他阅读的范围很广，从自然科学、技术方面的通俗读物到著名科学家的论文以及知名作家的作品。

就是在当学徒的这段时间里，富兰克林把在学校曾两度考试不及格的算术学了一遍，又读了赛勒和舍尔梅的关于航海的书，从这些航海的书里，他接触到了几何学知识。他还读了洛克的《人类悟性论》，富兰克林的学习日渐深入。

1723年富兰克林离开了波士顿，到费城的基未尔印刷所和英国伦敦的帕尔未和瓦茨印刷厂当工人。1726年秋，富兰克林回到费城，这时他已掌握了精湛的印刷技术，开始独立经营印刷所，印刷和发行《宾夕尼亚报》，并出版了《可怜的李查历书》，当时被译成十二种文字，销往欧美各国。1727年秋，他和几个青年在费城创办了“共读社”，组织了小型图书馆，帮助工人、手工业者和小职员自学。每星期五晚上，讨论有关哲学、政治和自然科学等问题。这时富兰克林还不到30岁，通过刻苦自修，他已经成为一位学识渊博的学者和启蒙思想家，在北美的声誉日益提高。在富兰克林的领导下，“共读社”几乎存在了40年之久，后来发展为美国哲学会，成为美国科学思想的中心。

1736年，富兰克林当选为宾夕法尼亚州议会秘书。1737年，任费城副邮务长。虽然工作越来越繁重，可是富兰克林每天仍然坚持学习。为了进一步打开知识宝库的大门，他孜孜不倦地学习外语，先后掌握了法文、意大利文、西班牙文及拉丁文。他广泛地接受了世界科学文化的先进成果，为自己的科学研究奠定了坚实的基础。

资料来源：常耀信：《美国文学简史》，南开大学出版社2008年版。

心理自测

所罗门学习风格自测问卷表

1. 为了较好地理解某些事物，我首先
(a) 试试看。
(b) 深思熟虑。
2. 我办事喜欢
(a) 讲究实际。
(b) 标新立异。
3. 当我回想以前做过的事，我的脑海中大多会出现
(a) 一幅画面。
(b) 一些话语。
4. 我往往会
(a) 明了事物的细节但不明其总体结构。
(b) 明了事物的总体结构但不明其细节。
5. 在学习某些东西时，我不禁会
(a) 谈论它。
(b) 思考它。
6. 如果我是一名教师，我比较喜欢教
(a) 关于事实和实际情况的课程。
(b) 关于思想和理论方面的课程。
7. 我比较偏爱的获取新信息的媒体是
(a) 图画、图解、图形及图像。
(b) 书面指导和言语信息。
8. 一旦我了解了
(a) 事物的所有部分，我就能把握其整体。
(b) 事物的整体，我就知道其构成部分。
9. 在学习小组中遇到难题时，我通常会
(a) 挺身而出，畅所欲言。
(b) 往后退让，倾听意见。
10. 我发现比较容易学习的是
(a) 事实性内容。
(b) 概念性内容。
11. 在阅读一本带有许多插图的书时，我一般会
(a) 仔细观察插图。
(b) 集中注意文字。
12. 当我解决数学题时，我常常
(a) 思考如何一步一步求解。
(b) 先看答案，然后设法得出解题步骤。
13. 在我修课的班级中，
(a) 我通常结识许多同学。
(b) 我认识的同学寥寥无几。
14. 在阅读非小说类作品时，我偏爱
(a) 那些能告诉我新事实和教我怎么做的东西。
(b) 那些能启发我思考的东西。
15. 我喜欢的教师是
(a) 在黑板上画许多图解的人。
(b) 花许多时间讲解的人。
16. 当我在分析故事或小说时，
(a) 我想到各种情节并试图把它们结合起来去构想主题。
(b) 当我读完时只知道主题是什么，然后我得回头去寻找有关情节。
17. 当我做家庭作业时，我比较喜欢
(a) 一开始就立即做解答。
(b) 首先设法理解题意。
18. 我比较喜欢
(a) 确定性的想法。
(b) 推论性的想法。
19. 我记得最牢的是
(a) 看到的东西。
(b) 听到的东西。
20. 我特别喜欢教师
(a) 向我条理分明地展示材料。
(b) 先给我一个概貌，再将材料与其他论题相联系。
21. 我喜欢
(a) 在小组中学习。
(b) 独自学习。
22. 我更喜欢被认为
(a) 对工作细节很仔细。

续 表

(b) 对工作很有创造力。
23. 当要我到一个新的地方去时，我喜欢
(a) 要一幅地图。
(b) 要书面指南。
24. 我学习时
(a) 总是按部就班，我相信只要努力，终有所得。
(b) 我有时完全糊涂，然后恍然大悟。
25. 我办事时喜欢
(a) 试试看。
(b) 想好再做。
26. 当我阅读趣闻时，我喜欢作者
(a) 以开门见山的方式叙述。
(b) 以新颖有趣的方式叙述。
27. 当我在上课时看到一幅图，我通常会清晰地记得
(a) 那幅图。
(b) 教师对那幅图的解说。
28. 当我思考一大段信息资料时，我通常
(a) 注意细节而忽视概貌。
(b) 先了解概貌而后深入细节。
29. 我最容易记住
(a) 我做过的事。
(b) 我想过的许多事。
30. 当我执行一项任务时，我喜欢
(a) 掌握一种方法。
(b) 想出多种方法。
31. 当有人向我展示资料时，我喜欢
(a) 图表。
(b) 概括其结果的文字。
32. 当我写文章时，我通常
(a) 先思考和着手写文章的开头，然后循序渐进。
(b) 先思考和写作文章的不同部分，然后加以整理。
33. 当我必须参加小组合作课题时，我要
(a) 大家首先“集思广益”，人人贡献主意。
(b) 各人分头思考，然后集中起来，再比较各种想法。
34. 当我要赞扬他人时，我说他是
(a) 很敏感的。
(b) 想象力丰富的。
35. 当我在聚会时与人见过面，我通常会记得
(a) 他们的模样。
(b) 他们的自我介绍。
36. 当我学习新的科目时，我喜欢
(a) 全力以赴，尽量学得多学得好。
(b) 试图建立该科目与其他有关科目的联系。
37. 我通常被他人认为是
(a) 外向的。
(b) 保守的。
38. 我喜欢的课程内容主要是
(a) 具体材料(事实、数据)。
(b) 抽象材料(概念、理论)。
39. 在娱乐方面，我喜欢
(a) 看电视。
(b) 看书。
40. 有些教师讲课时先给出一个提纲，这种提纲对我
(a) 有所帮助。
(b) 很有帮助。
41. 我认为只给合作的群体打一个分数的想法
(a) 吸引我。
(b) 不吸引我。
42. 当我长时间地从事计算工作时，
(a) 我喜欢重复我的步骤并仔细地检查我的工作。
(b) 我认为检查工作非常无聊，我是在逼迫自己这么干。
43. 我能画出我去过的地方，
(a) 很容易且相当精确。
(b) 很困难且没有许多细节。
44. 当在小组中解决问题时，我更可能
(a) 思考解决问题的步骤。
(b) 思考可能的结果及其在更广泛的领域内的应用。

所罗门学习风格分析表

活跃型/沉思型			感悟型/直觉型			视觉型/言语型			序列型/综合型		
问题	a	b	问题	a	b	问题	a	b	问题	a	b
1			2			3			4		
5			6			7			8		
9			10			11			12		
13			14			15			16		
17			18			19			20		
21			22			23			24		
25			26			27			28		
29			30			31			32		
33			34			35			36		
37			38			39			40		
41			42			43			44		
总计			总计			总计			总计		
(较大数一较小数)+较大数的字母											

1. 在上表适当的地方填上“1”(如果你第3题的答案为a,在第3题的a栏填上“1”;如果你第15题的答案为b,在第15题的b栏填上“1”)。

2. 计算每一列总数并填在总计栏地方。

3. 这4个量表中每一个,用较大的总数减去较小的总数,记下差值(1到11)和字母(a或b)。例如,在“活跃型/沉思型”中,你有4个“a”和7个“b”,你就在那一栏的最后一行写上“3b”(3=7−4,并且因为b在两者中最大);又如若你在“感悟型/直觉型”中,你有8个“a”和3个“b”,则在最后一栏记上“5a”。

解释:每一种量表的取值可能为11a、9a、7a、5a、3a、a、11b、9b、7b、5b、3b、b中的一种。其中字母代表学习风格的类型不同,数字代表程度的差异。

若得到字母“a”，表示属于前者学习风格，且“a”前的系数越大，表明程度越强烈；若得到字母“b”，表示属于后者学习风格，且“b”前的系数越大，同样表明程度越强烈。例如，在活跃型/沉思型量表中得到“9a”，表明测试者属于活跃型的学习风格，且程度很强烈；如果得到“5b”，则表明测试者属于沉思型的学习风格，且程度一般。在视觉型/言语型量表中得到“a”，表明测试者属于视觉型的学习风格，且程度非常弱；如果得到“3b”，则表明测试者属于言语型的学习风格，且程度较弱。

活跃型/沉思型	从信息加工的角度看，你的学习风格偏向于活跃型，那么你会倾向于和别人一起做事或讨论，喜欢和团体一起来解决问题。你可以和众多网友一起讨论、学习，或者帮助他人解决问题
感悟型/直觉型	从信息感知的角度看，你的学习风格偏向于感悟型，那么你可能很擅长记忆事实和做一些现成的工作，对复杂和突发的情况感到反感。你应当多看一些相关的案例，平时多记录一些有用的心得体会
视觉型/言语型	从信息输入的角度看，你的学习风格偏向于视觉型，那么你就一定是用眼睛学习一切学习材料。你应当多使用图片、图表、流程图、图像、影片等视觉辅助性工具。要多使用“课程学习”中的“知识概览”和“视频导学”，练习将词汇或概念等在脑海里视觉化或形成图像，并及时回顾
序列型/综合型	从信息理解的角度看，你的学习风格偏向于综合型，那么你可能习惯大步学习，吸收没有任何联系的随意的材料，然后突然获得它。或许你能更快地解决复杂问题，或者一旦你抓住了主要部分就用新奇的方式将它们组合起来，但你却很难解释清楚它们是如何工作的。你应当多看看“综合案例学习”，及有关的案例。你也可以到“学习答疑”那里试着解决问题

（注意：分析结果请咨询专业人员。如临床心理医生、心理咨询师）

思考题

1. 举例说明哪些是良好的学习方法和学习习惯。
2. 分析大学生考试焦虑产生的原因，谈谈如何进行有效的调适。
3. 分析自己在大学学习中存在的问题，谈谈应从哪些方面进行改善。

第五章　大学生人际交往及恋爱心理

忠诚的爱情充溢在我的心里，我无法估计自己享有的财富。

——莎士比亚

课前导读

生命的道路上我们需要相互扶持

有一个人做了一个梦，梦中他来到一间二层楼的屋子。进到第一层楼时，发现一张长长的大桌子，桌旁都坐着人，桌子上摆满了丰盛的佳肴，可是没有一个人能吃得到，因为大家的手臂受到魔法师诅咒，全都变成直的，手肘不能弯曲，而桌上的美食，夹不到口中，所以个个愁眉苦脸。但是他听到楼上却充满了欢愉的笑声，他好奇地上楼一看，同样的也有一群人，手肘也是不能弯曲，但是大家却吃得兴高采烈。原来每个人的手臂虽然不能伸直，但是大家互相沟通，与对面的人彼此协助，互相帮助夹菜喂食，结果大家吃得很尽兴。

没有一个人可以不依靠别人而独立生活，这本是一个需要互相扶持的社会，先主动伸出友谊的手，你会发现原来四周有这么多的朋友。在生命的道路上我们更需要和他人互相扶持，共同成长。

第一节　大学生的人际关系

人际关系，是人与人之间通过动态的相互作用形成的情感联系，是通过交往形成的心理关系。美国卡耐基梅隆大学人际关系研究中心的研究发现，“智慧”“专门技术”和“经验”只占成功因素的15%，其余85%取决于良好的人际关系。这样的研究结论充分昭示一个真理：人际交往在大学生心理发展、专业成长、校园生活和未来人生中发挥着重要作用。

你的人际关系状况很好吗？你有知心朋友吗？你出现困难的时候有可以坦然求助的朋友吗？朋友有困难的时候首先想到的是你吗？你肯定你的朋友是充分肯定你的吗？你在朋友圈子里是个重量级人物吗？熟悉你的人都说你口碑很好是吗？

如果前面的七个问题你的回答都是肯定的，你知道我们是多么赏识你、敬佩你、爱戴你，请你赶紧去做别的重要的事情吧；如果你的回答大多数是否定的，那么本章内容将对你有所助益。

一、大学生主要人际关系

大学生在现实校园生活中的人际关系主要体现为三大关系：同学关系、朋友关系、师生关系。

（一）同学关系

同学是大学生人际交往的主要对象，同学关系是大学生人际关系的主要内容。大学校园里的同学之间可谓休戚相关，相依相伴，竞争合作，一路同行。“同学少年，风华正茂，书生意气，挥斥方遒”的青春飞扬和“到中流击水，浪遏飞舟”的无所畏惧的激情是如实的写照。人才成长的“雁群现象”和“丛林现象”都有力证明了一个事实：同学关系是大学时代最重要的人际关系。

然而，现实生活中的同学关系的建立与维持是需要经验与智慧的。许多人为此经历了许多苦恼，乃至遭受伤害。处理不好同学关系的人大致有两类：一种典型情况是过分求全，处处忍让。这种人一味迁就别人，别人正当的要求他接受，别人不正当的苛求他也接受。有了意见也不提，怕别人对自己印象不好。看起来这种人与世无争，其实在内心已积蓄不良情绪，必然伤害自我。如果积蓄程度超过承载的极限，会产生自我伤害或伤害他人的行为。另一种是以自我为中心。个体心中只有自己，缺少对他人的宽容，不考虑别人的存在和利益。这种人在群体中常常不受欢迎，是群体排斥和孤立的对象。过分的忍让对身心健康不利，过分的以自我为中心同样不利于维持良好的人际关系。

（二）朋友关系

大学时代结识志趣相投、心理相容的人成为朋友，是人际关系发展的必然趋势和宝贵果实，是个体的人际关系发展中最具有标志意义的观测点。你有几个好朋友？谁是你的好朋友？能够不假思索地张口讲出来，是一件特别让人有成就感的事。

大学时代的朋友关系在人生的重要时刻具有无可替代的作用：面临危难时，朋友是你心灵庇护的保护神，你的消沉和悲观都会被朋友悄然觉察，并于关键时刻对你实施拯救行动；春风得意时，朋友会为你发出真诚提示，让你从飘飘欲仙的自我陶醉中清醒过来；迟疑不决时，朋友是你理智把握机遇、大胆做出取舍进退的同行人。

（三）师生关系

师生关系是大学生涯中最为特别的人际关系。一般而言，一个聪明的大学生会借助求学之便，与学高足以为师、身正足以示范的优秀老师建立友好关系。许多成功人士都有名师指点迷津、高人保驾护航。只有站在巨人的肩膀上，你才能看得更远。

二、人际关系的重要意义

俗话说“一个篱笆三个桩，一个好汉三个帮”，人总是生活在一定的关系之中，人是社会的人，建立高质量的人际关系对于每一个人来说都是非常重要的。作为大学生，如果有一群能够提供精神支持、可相互信赖的朋友，我们就会感到被接纳和认可。如果我们与父母的关系和谐融洽，我们就会感到安全和被支持。失恋的人、丧偶的人以及旅居异乡的人，会因为丧失社会联系而变得痛苦、孤独和孤僻。

人本主义心理学家马斯洛认为，归属与爱的需要是人类的基本需要，而这种需要的满足只有在人际交往中才能实现。每个人都是归属于某一群体，当我们感到被某种亲密关系所支持时，我们会更加健康和快乐。当我们被排斥、拒绝和回避时，我们常常会感到抑郁、焦虑，受到伤害。我们都希望，烦恼时，有人一起分担；快乐时，有人一起分享。我们希望被他人接纳和认可，希望能与他人保持和谐、愉快的关系。

离开了家乡，远离了父母，进入大学，人际环境发生巨大的变化，与同龄人同吃同住，此时大学生需要建立起与同龄人之间良好的人际关系。良好同伴间的人际互动也是大学生保持身心健康的重要途径之一。一方面，在交往互动中，大学生可以从他人对自己的态度和评价中，清晰地认识自我并完善自我；另一方面，大学生处于人生发展的关键期，会遇到学习、生活和情感的问题，有效的人际支持能够维持自尊，获得激励。研究发现，不良的人际关系会引起大学生的心理失衡，导致焦虑、空虚、抑郁，严重者甚至出现自杀倾向。

一项调查发现，大学生人际关系困扰占比为 47.8%，其中具有明显人际关系困扰者达 32.1%，较严重者达 15.7%。因此，良好的人际关系的建立与维持是大学生普遍面临的一个重要课题。

三、人际关系的建立与发展

一般来说，良好的人际关系的建立与发展要经过定向、情感探索、情感交流和稳定交往四个阶段。

1. 定向阶段

这一阶段包括注意与选择交往对象、与交往对象进行初步沟通等心理活动和行为。开学报到的第一天，走进新的宿舍，见到新舍友的第一面，互相之间会打招呼，通过这样简单的沟通，获得对别人初步的了解，并且决定是否要进一步交往。

2. 情感探索阶段

在此阶段，交往双方探索彼此在哪些方面可以建立情感联系。随着双方共同情感领域的发现，彼此沟通越来越广，自我暴露的深度与广度也逐渐增加。但是，在这一阶段，话题仍然会避开对方的私密性领域，自我暴露不涉及根本的问题。例如，两个同样对音乐十分痴迷的人很容易喜欢彼此。

3. 情感交流阶段

较前两个阶段，双方在这一个阶段的关系出现实质性的变化。此时，谈话中广泛涉及自我私密的部分，有较深的情感卷入。此时，双方会提供评价性的反馈信息，进行客观、真诚的赞赏和评价。这是从普通朋友过向挚友的必经阶段，如果关系在此阶段破裂，将会给人带来相当大的心理压力。

4. 稳定交往阶段

在这一阶段，人们心理上的相容性会进一步增加，自我暴露也更加广泛深刻。此时，人们已经允许对方进入自己的私密领域，分享自己的生活空间和财产，但在实际生活中，很少有人能够到达这一层级，许多人际关系并没有在第三阶段的基础上继续发展，而是仅仅在第三阶段的同一水平上简单重复。

四、健康关系的品质

健康的关系是动态的、发展的，而不是停滞不前的。尽管任何关系在体验到愉快和兴奋之前都会经历一个挣扎、痛苦和充满距离的阶段，但只要关系中的个体愿意接受这些，他们的关系就会有所改变。下面的一些特质对健康关系是非常重要的。

处在关系中的每一个人都有独立的自我认知。之所以建立一段关系非常困难，是因为必须在分开的状态和在一起的状态之间建立并保持一种平衡。如果在关系中没有足够的相处时间，人们会觉得孤单而且无法分享感受和经历。如果没有足够的分开的时间，他们很容易放弃自我并且失去控制，会付出众多努力去达到对方期望他成为的样子。

对于关系中的重要事情，最好每个人都能开诚布公地说出自己的想法，包括说出自己内心的不满，让对方知道他的期望需有所改变。例如，你不满意你和父亲相处的方式，你可以先走出一步，用一种不带评价色彩的方式让他知道你希望你们之间的相处方式是怎样的，你可以更多地告诉他在你们的关系中你是怎么做的，而不是告诉他他应怎样做。不要把话题集中在你不希望父亲怎样，而是更多地告诉他你希望是怎样的。

每个人都假定快乐是自己的责任，而避免在不开心的时候指责对方。尽管在一段亲密的关系和友谊中，对方的不开心会深深影响你，但你不应该期待对方给你快乐、满足或者兴奋。建立稳固关系的最好方式是不断提升自己。最终你有责任去寻找自己的人生方向，而且你有无数机会去努力提升你的生活。毋庸置疑，此时你有足够的能力去掌控你的生活。

关系中的两个人是平等的。当一个人感到自己总是“给予者”，而当自己有需要的时候对方总是不出现，这时他很容易质疑这种不平等。在一些关系中，一个人可能会强迫性地感受到对方在关系中处于优势地位，如非常愿意聆听和给出建议，但却不愿意给别人讲自己的困难，根本不显露自己的任何弱点。双方都应该看到这种不平等，并且有意愿去协商改变。

每个人都可以在关系之外获得意义和营养源。健康关系的一个标志就是大家都会避免产生对彼此的占有感。尽管有时他们会感到忌妒，但不会要求对方不和别人交往。

他们不会期待别人代替他们做那些他们有能力完成的事情。他们不期待对方为他们制造快乐、赶走烦恼、避免危险或者让他们觉得自己是有价值的、重要的。他们都不依赖对方去证实自己的个人价值，也不会在对方的阴影里生活。他们通过努力让自己的生活变得丰富多彩，同时也给对方带来了快乐。

五、建立自己的社会支持系统

每个人都离不开他人的支持。朋友关系是一个多层次、多水平的网络结构，有极少数朋友是无话不谈、无所顾忌的知心朋友；有些朋友虽然不是无话不谈，但是在关键时刻却能帮助你、鼓励你，在平时的生活中为你树立榜样；还有一些朋友虽然是泛泛之交，但给你的生活带来了一道不可或缺的色彩。我们需要不同类型的朋友，就像需要不同种类的食物一样，不同类型的朋友有不同的作用，以不同的方式丰富着我们的生活。

第二节　人际吸引与人际效应

一、如何造就人际吸引

双方是因为喜欢而吸引，还是因为吸引而喜欢？漂亮的外表重要吗？什么因素促进了你与他人的亲密关系？有助于友谊建立的因素有哪些？如何维持和加深关系，从而满足各自的归属需要？

1. 接近性

两个人能否成为朋友，接近性是一个强有力的预测因素。尽管接近也可能诱发敌意，但接近性更容易产生喜欢。接近能使人们发现彼此的相似性，并且诱发相互交往的期待，进而由于经常交往、相互熟悉而诱发相互喜欢。一项关于“在该区社交活动中你最亲近的是哪个人”的调查结果表明，居民们与住得最近的人更亲近，41％的人选择了隔壁的邻居，22％的人选择了隔一扇门的邻居，只有 10%的人选择了同一层最远的邻居。随机分配到同一宿舍的大学生，当然不可避免地频繁交往，他们更可能成为朋友而不是敌人。

2. 外表吸引力

在约会中，你看重的是对方的哪些特质呢，是诚实、美貌、个性，还是谈吐？智慧的人们并不在意诸如美貌之类的外在特征，亚里士多德也说过，“人格的魅力胜过任何介绍信”。

然而很多研究表明，外表也很重要。不管大家喜欢与否，的确存在这样的事实，那就是一位年轻女士的外表吸引力可以预测她约会的次数。哲学家罗素认为：“整体上说，女人倾向于因性格而爱上男人，男人则倾向于因外表而爱上女人。”也许正因为如此，女性才如此在乎自己的外表。

人们对外表存在刻板印象，认为美的就是好的。虽然漂亮并不一定让人联想到正直或关心他人，然而，在其他各方面条件都相同的情况下，漂亮仍会让人联想到快乐、性感、热情，更开朗、聪明和成功。

3. 相似性和互补性

物以类聚，人以群分。朋友、订婚的情侣以及夫妻，会比那些随机配对的人更可能拥有相同的态度、信念和价值观。研究发现，人不仅喜欢与自己想法一样的人，而且喜欢那些与自己行为一致的人。相似产生喜欢。也有研究发现，人们渴望相似伴侣的愿望远远强于渴望漂亮伴侣的愿望。

人们有喜欢那些与自己相似者的一面，也有喜欢那些与自己个性品质相反的人的一面。当双方的需要以及与对方的期望正好为互补关系时，就会产生强烈的吸引力。例如，具有强烈支配性格的人不容易与性格相同的人相处，但他们可能与具有顺从性格的人和睦相处。

4. 喜欢

喜欢通常是相互的。接近性和外表吸引力影响人们最初被谁吸引，而相似性会影响长期的吸引。如果双方交往有一种强烈的归属需要，以及被喜欢、被接纳的需要，那么双方还会不喜欢对方吗？最好的友谊不正是发生在相互喜欢的社会交往中吗？的确，一个人喜欢他人的程度，可以反过来预测对方喜欢他的程度。

5. 互惠

人们喜欢那些回报自己或与自己得到的回报有关的人。如果跟某人交往所得到的回报大于付出的成本，那人们就喜欢并愿意继续维持这种关系。尤其当这种关系中的收益大于其他可能的关系时更是如此。当一方满足了另一方没有得到满足的需求之后，就会产生相互吸引。不仅如此，人们还喜欢与那些能让自己心情愉悦的人交往。如果你希望维系与伴侣的关系，浪漫的晚餐、在剧院观看演出、在家共度夜晚、度假，这些都很重要。

二、人际关系中的心理学效应

1. 首因效应

在日常交往中，人们对他人的印象常常取决于见面后的第一印象。第一印象虽是初次接触所产生的粗浅印象，但它常对一个人的观察了解产生巨大的影响。由于第一印象的影响干扰而在以后的观察了解中产生认知偏差的现象，即为首因效应。

第一印象之所以影响比较大，是因为在它形成之前还没有什么印象，因此它一出现就在人的大脑中留下了较为深刻的痕迹，致使后来输入的信息受到它的干扰。与第一印象相一致的信息，就会得到强化；与第一印象不一致的信息，就会被人本能地拒绝，以免引起内心的矛盾和冲突。只有在后来的信息形成的知觉力量足够强的时候，才能打破原来由第一印象所形成的心理定式，产生新的印象。

2. 近因效应

进大学校园的第一天，老师让大家挨个做自我介绍，请你注意观察一下，结果你记住了哪些同学的名字？大家往往只记住了第一个和最后一个介绍的同学，这就是首因效应和近因效应在起作用。

所谓近因效应，就是在人际交往过程中新获得的信息往往起优势作用，也就是说，最近的信息对认知的影响相对比较大，所留下的印象也相对比较深刻。

在人际交往的初期，即在彼此还生疏的阶段，首因效应的影响更大，而在交往的后期，就是在彼此已经相当熟悉的时候，近因效应的影响起着主要作用。

3. 晕轮效应

1972年，美国心理学家戴恩等做过一个实验，他让被试看一些照片，照片上的人有的很有魅力，有的无魅力，有的中等，然后让被试在与魅力无关的特点方面评定这些人。结果表明，被试对有魅力的人比对无魅力的人赋予更多理想的人格特征，如和蔼、沉着、好交际等。

心理学家桑代克认为，人们对人的认知和判断往往只从局部出发，扩散而得出整体印象，即常常以偏概全。一个人如果被标明是好的，他就会被一种积极、肯定的光环笼罩，并被赋予好的品质；如果一个人被标明是坏的，他就会被一种消极、否定的光环笼罩，并被认为具有各种坏的品质。这就好像刮风天前夜月亮周围出现的圆环，其实呢，圆环不过是月亮光的扩大化而已。据此，桑代克将这一心理现象称为“晕轮效应”。

4. 定式效应

生活中，人们会不自觉地把人按年龄、性别、外貌、衣着、言谈、职业等外部特征归为各种类型，并认为这一类型的人有共同的特点。在交往时，人们就会按照这一类人的共同特点去理解他们。例如，认为老年人是保守的，年轻人是爱冲动的，北方人是豪爽的，南方人是善于经商的，等等。定式效应往往使人忽略个体差异、生搬硬套，出现错误的知觉和理解。

苏联社会心理学家包达列夫曾做过这样的实验：将一个人的照片分别给两组被试看，照片的特征是眼睛深凹、下巴外翘。给两组分别介绍情况，对甲组介绍情况时说“此人是罪犯”，给乙组介绍情况时说“此人是位著名学者”。然后，请两组被试分别对此人的照片特征进行评价。评价的结果是：甲组被试认为，此人眼睛深凹表明他凶狠、狡猾，下巴外翘反映其顽固不化的性格；乙组被试认为，此人眼睛深凹，表明他具有深邃的思想，下巴反映他具有探索真理的顽强精神。这就是人们对社会各界的人有一个定型认知的结果。

5. 仰巴脚效应

仰巴脚效应，也称出丑效应或犯错误效应，指精明人不经意犯点小错误，反而使人觉得他具有和别人一样会犯错的缺点，也具有平凡一面而使自己感到安全。心理学家做过一项经典研究：请被试根据主观感觉评价对录像中被访者喜欢的程度。被访者是大学生，访谈的内容是一样的，分四种情况：第一位被访者才能杰出、完美无缺；第二位被访者与第一位大同小异，只是有点紧张，打翻了咖啡杯；第三位被访者表现平平；第四位被访者和第三位大同小异，又像第二位那样打翻了咖啡杯。结果发现，大家最喜欢才能出众而且犯了错误的人，其次是才能出众完美无缺的人，最不喜欢才能平平而又犯了错误的人。

可见，最为人们欣赏者并不是全能的人，而是精明中带点小缺点的人。也就是说，白璧微瑕比洁白无瑕更令人喜爱。一方面，人们都希望交往有才能的人；另一方面，如果他人近乎完美，可望而不可即，人们反而会感到压力而对此人敬而远之。所以，我们要接纳自己身上可爱的小缺点，因为没有人能做到完美。

6. “失斧疑邻”效应

《列子》中记载：一个人斧子丢了，总怀疑是被邻居的儿子偷去了。他瞧见邻居的儿子时，发现他说话、走路、表情都像偷了斧子的样子。后来，斧子找到了，原来是自己不小心埋在山谷里了。这时，他再去瞧邻居的儿子，发现他走路、说话、表情一点都不像偷了斧子的样子。

这种带着主观印象去观察、了解、分析事物时产生的认知偏差现象，被称为“失斧疑邻”效应。在人际认知中，由于倾听他人的评价，赞美或贬低，先形成了某些观念，带着这种主观印象去审视对方，这时“失斧疑邻”效应就会应验。

第三节　走出孤独的围墙

一、沟通风格

沟通包含两类信息：言语信息和非言语信息，当两者不一致时被称为不一致的沟通。家庭治疗大师萨提亚将不一致的沟通分为以下五种模式。

1. 讨好型

讨好型的人重视他人的想法，总是去迎合他人，忽略自己的内心感受，甚至委曲求全。讨好型的人缺乏自信，具有较低的自我价值感，认为什么事情“都是我的错”，最大的特点就是不敢说“不”，凡事都“同意”。行为表现为软弱、依赖，活得很累、不快活，内心经常有的感受是悲伤、焦虑和压抑的愤怒。

讨好型的资源是：体贴，对人友善，善解人意，人缘好。

2. 指责型

和讨好型相反，指责型的人眼中只有自己，忽略别人的感受，总是指责他人的错误，但他们指责别人时也伤害了自己。在他们那愤怒的背后，常有一颗孤单无助的心。没有人喜欢被人指着鼻子，所以指责型的人常常不受欢迎。

指责型的资源是：果断，有主见，有能量，善于自我争取，有领导才能。

3. 超理智型

超理智型的人既忽略他人的感受，也忽略了自己的感受，他们只重视情境的合理性。他们非常坚持原则，固执、客观且不谈感情，经常双手交叉在胸前、头仰天、鼻朝上，以“理性”来保护自己，压抑自己的真实感情，内心很空虚。

超理智型的资源是：聪明，理性，善于思考，有知识，有才智。

4. 打岔型

说话不切题，兜圈子，不直接回答问题或答非所问，漫无目的，抓不住重点，东拉西扯，全然不顾及他人、自己和情境。在团体中或许显得活泼、开朗，是个“开心果”，但内心却焦虑、疏离，没有归属感，容易被误解。

打岔型的资源是：灵活，有创意，幽默。

5. 表里一致型

坦诚沟通，真实表达自己的内心想法，也很替对方着想，尊重自己，尊重他人，尊重情境。处理人际关系时既客观、公正，又有人情味。对自我接纳，充满信心和勇气，内心坦然。

表里一致型的资源是：内心平和，有力量，喜悦，有勇气和冒险精神。

实际上，很多人在面对不同的情境、不同的场合、不同的人时，会采用不同的沟通方式。例如，一位妻子面对丈夫可能更多的是指责，而面对上司则经常表现出讨好。如果能够把讨好型的“一味逢迎”转变为“真诚的善意”，把指责型的“吹毛求疵”转变为“坦诚的批评”，把超理智型的“没有人情味”转变为“动之以情，晓之以理”，把打岔型的“随意岔开话题”转变为“灵活”“幽默”，那就会有更多积极的沟通。

不管你的沟通模式是什么，你的家庭又给了你怎样的影响，重要的是，只有当你意识到这些沟通模式时，你才会加深对自己的了解，才可能主动去挖掘内在资源，不断增强内在自我的和谐，从而与别人更真诚地交往。

二、有效的人际沟通

人除了睡觉大约70%的时间都在交流、沟通。沟通的过程虽然只是听和说两个方面，但并非看起来那么容易。在人际沟通中，很多因素都会使信息的传达和理解发生偏差，其实比信息更加重要的是人们对信息的理解，这一点对在中国文化熏陶下的我们尤为重要，东方人的沟通方式是含蓄的，很多信息都不会在沟通中明确传达，这样常常会导致误解，许多人际关系问题都源于此。因此，有效的人际沟通需要一定的原则和技巧，在日常交流中可以试试下列原则和技巧。

- 听者可以正确地概括说话者所说的内容。比如：“因为我没有事先打电话通知你我会迟到，所以你受到了伤害。”

● 所用的语言明确而具体。一个含糊的陈述是：“我觉得被人控制了。”而一个具体的陈述是：“我不喜欢你通过给我买花，让我做我早已告诉过你我不喜欢做的事情。”

● 在听者对所听到的话做出反应之前，有少许的停顿。要站在别人的立场上想问题，的确要付出真诚的努力。

● 每一个听者都会对说话者所说的做出反应，然而却没有很严厉的批评。比如，一个很严厉的批评是：“你从来不为别人考虑，只想着你自己，你太不负责任了。”而合适的反应是：“你如果能想到我很着急，能给我打个电话，那就太好了。”

● 每一方都能在不损害对方尊严的前提下诚实、直接地进行交流。每个人都是用“我”来进行陈述。

● 尊重双方之间的差异，不勉强对方去接受某种观点。比如：“我看待这件事情和你截然不同，但是我理解你有自己的想法。”

● 言语和非言语的信息具有一致性。比如：如果她生气了，她就不笑了。

每一个人都公开地表示别人对自己的影响。一个不好的反应是：“你没权利批评我。”而一个好的反应是：“你不喜欢我做的工作，我很失望。”

● 没有人愿意表现得神神秘秘，希望别人去猜自己的意思。

培养良好的沟通是很重要的。当你和别人交流的时候，要多加注意你在何种程度上实践了以上原则，看看你和别人的关系是否令你满意，如果你想发展更好的关系，试试这些技巧，可能会有用。

三、沟通的艺术

（一）学会说“不”

中国人通常都非常爱面子，有很多时候会碍于情面而不去拒绝对方，因此就会勉强答应，但是又违背了自己的心意。要改正中国人爱面子的“通病”，学会说“不”，需要明白以下道理以及注意方式方法。

● 拒绝做一件事情并不等于拒绝这个人，只对事不对人，否定事件≠否定人。

● 采取的方式既要尊重自己也要尊重别人，不能用指责的方式。

● 态度温和而坚决，而不是生硬地拒绝。

● 说“不”，实际上是在给我们自己树立一个人际边界，在人际交往中，并不是所有的事情你都应该答应对方，做朋友不是意味着要当好好先生，事事迁就对方，平等、相互尊重才是维持友谊长久的秘方。

（二）夸赞的艺术

赞美能使你激发、鼓励和帮助他人建立自尊与自信，带来愉快、亲密和合作的关系。通过表扬他人在工作、生活、学习中使你满意的行为，会使他们更加热爱自己的工作，喜欢和你在一起，更愿意去做使你满意的事情。

赞美是一门艺术。首先你需要发现那些让人愉快的具体行为，比如，提醒他人天气变冷，需加衣服等。不要使用一般化的印象，如考虑得周到、有帮助等。要让对方知道被赞赏的具体行为，同时也告诉对方这些行为对你的帮助，并且要告诉对方你对他的感激和欣赏。

（三）批评的艺术

人际交往中，有时候他人的观点可能是错误的，或者对方曾经做过错误的事情，这个时候你应该委婉地提出来。但批评对方并不是要伤害对方的感情或者侮辱对方的人格，完全是希望对方改正缺点，获得进步和提高。高明的批评有以下几个特点：

不要当着别人的面批评。当面批评会使对方下不了台，产生反感。最好是私下沟通和交流。

在进行批评之前应说一些亲切和赞赏的话，如“这件事你干得不错，非常好”。在得到肯定之后的批评会让人更容易接受。

批评对方的行为而不是对方的人格，用协商式的口吻而不是命令的语气批评别人，要避免人身攻击和人格侮辱。

就事论事。如果想有效沟通，就要就事论事，不要把陈芝麻烂谷子全抖出来，这样的结果是最后什么问题都解决不了。

第四节　人 际 冲 突

每个人都是独立的，当人们意见相左时，难免会发生争执或冲突。在大学生活中，冲突同样不可避免。大学生来自五湖四海，每个人都承载着不同的文化背景和风俗，有独特的生活经历、思想意识、人生追求，有人享受安静，有人性格活跃。大学里竞争无处不在，学习成绩、奖学金同样使人与人之间存在着看不见的张力。没有了刚入学时的新鲜感之后，随着彼此的深入了解，缺点和差异逐渐暴露，摩擦在所难免。

人际关系中的愤怒是人际冲突的一种表现形式，如果能有效地表达和解决人际关系中的愤怒，或许就可以避免某些冲突的发生。

一、适当地表达愤怒

对很多人来说，表达愤怒或者处理冲突是一件非常难的事情。之所以难是因为我们看到过有害的、破坏性的愤怒，对之前的冲突情境得出最负面的和可怕的结论。

适当地表达愤怒比假装愤怒不存在对关系更具建设性。理想的方式是以直接、真诚的方式表达和承认愤怒。当然，我们只有在感觉到关系安全到可以分享和处理愤怒的情况下才愿意表达愤怒。如果你不能确信自己的行为是否被接受，那么你就会不愿意向别人坦诚自己的想法。对于我们而言，一段健康的关系意味着人们能够以一种不伤害他人人格的方式，表达那些令人难以接受的感受和想法。

显然，承认和表达愤怒对关系是有价值的，但愤怒也具有破坏性和危险性。沉默的暴力就是破坏性的愤怒带来的。用沉默的方式处理愤怒于事无补，相反，抑制自己的感受会使双方都付出代价。一些人可能缺乏处理哪怕是很小的冲突的能力，不管你多么小心地去传达你的信息，都可能带来有害的结果。如果你发现你处在一个不良的关系之中，那么，愤怒的结果总是具有破坏性的。在这种情境下，可能你在任何时候表达自己的感受都是不安全的。如果意识到愤怒是你们关系中的一个问题，那么，寻求专业的心理帮助可能是最好的方式。

在处理愤怒和冲突时是否存在问题。意识到问题的迹象是改变的第一步。你所说的与你感受的不相符。比如，你告诉对方你很好，而实际上你很生气；你总是在遇到冲突情境时走开；你明知道你伤害了别人却不愿意承认你很少解决冲突，你认为时间可以解决一切问题；你总是盯住别人的错误不放，而很少注意到自己的缺点。

我们要学会用一种现实和合适的方式来处理愤怒，一旦愤怒被意识到并且合理地处理，我们就可以让怨恨走开，开诚布公的交流可以加深友谊。

二、正确认识冲突

冲突是表现个体差异的一种健康的迹象，同时也是一段好的关系的重要组成部分。借由冲突，可以表达自己的需求或愿望，增加达成的可能性。冲突可以增加个人对自我以及他人内在价值观和信念的了解。冲突发生时，没有必要去追究哪一方是对的，哪一方是错的。双方只是在用不同的方式看问题。

把争执看作对对方的关心而不是攻击。对一个你关心的、感兴趣的人提出异议能够增进你们的关系。争执可以是关于你们关系的一次对话，而不是传达攻击性。

三、有效解决冲突

冲突不可避免，有效地解决冲突会对人际关系有积极作用，如果采用破坏的方式解决冲突，只能对人际关系造成损害。

1. 态度诚恳而坦率，不隐瞒自己的观点或欺骗对方。当你不同意对方的观点时，就事论事，你反对的是对方的观点，而不是他这个人。坦诚听取对方的意见，愿意从对方的角度考虑问题，澄清双方的共同点和分歧点，理解冲突的实质，表示在自己能让步的余地寻求双方都满意的答案。

2. 互相理解，开诚布公。在大学宿舍里，来自天南海北的同学们有各自的习惯和爱好，有的人喜欢早睡早起，有的人喜欢晚睡晚起，有的人喜欢安静，有的人喜欢热闹。这些习惯和喜好没有好坏、优劣之分，都是应当受到尊重的，所以当大家的需求和喜好发生冲突时，如果不互相谦让，必然会发生冲突。这个时候大家只有各退一步，相互谦让，求大同，存小异，才能营造和谐的宿舍生活氛围。

3. 对自己的感受负责，不能因为自己的感受去指责别人。有时候人们很容易指责自己身边的人，仅仅是因为他们就在你身边。要善于检查你感受的来源，即使是别人在某种情况下激发了你的情绪，你也应该为自己的情绪负责。

4. 面对他人的时候，避免对别人做出武断的评价。不要对别人说他们怎样，可以说他们的行为对你产生了怎样的影响。对我们来说，评价别人、关注别人在做什么是非常容易的，而评价自己、关注自己在做什么是很难的。必须意识到我们可能也会犯错误，要敢于发现自己可能得出的错误结论。要有谦逊的态度，勇于面对事实并承认错误。避免使用“你应该……”或“你干吗不……”这类语言，可以采用“我相信你有很好的理由，因为……”之类的语言。

5. 不要逃避冲突。逃避冲突并不能解决问题，但是，当情绪被强烈地激发而你又不能解决冲突时，最好的办法是请求暂缓，同意推迟一些时间再讨论，当冷静下来双方都能听进彼此所说的话时再继续探讨。可以约定时间，开诚布公地和对方沟通。比如，“我们的友谊对我来说很重要，我不希望发生这种有碍于我们关系的事情。我们应该坐下来好好谈谈，你明天有时间吗?”

四、学会宽容与谅解

当冲突发生后，原谅那些伤害过你的人非常重要。当你期待与一个人亲密相处时，关注怨恨和痛苦将会抑制亲密感。让过去的怨恨走远并原谅他人，是保持良好关系的重要手段。原谅自己同样是重要的。有时人们很容易原谅那些伤害过自己的人，却拒绝原谅自己。原谅可以让心灵柔软、减轻痛苦并且解除你的罪恶感。原谅的目的是把自己从过去中、从对别人的怨气中解放出来。通过原谅，我们可以赶走恐惧和愤怒。原谅的过程能够医治曾经的怨恨给自己带来的伤害。

原谅是一种释放和解脱。大多数人认为当你原谅别人的时候，你是为他做了一些事情。但事实上，当你这样做时，你是做了一件对自己有益的事情。同样，你也需要放弃那些你不想做的事情，给你想做的事情提供空间。

所谓宽容，就是常以善意去宽待有缺点的人，就如水一样，以自己的无形包容了一切的有形。智者应学会宽容。宽容不仅是一种做人的美德，也是一种明智的处事方法，是人与人交往的"润滑剂"。宽容待人无论走到哪里，都会为你带来一阵和煦、温馨的春风；不肯宽容别人，则往往会给自己带来痛苦。

宽容别人并不是一种软弱的表现，也不会失去尊严，它是一种处理和完善不愉快事情的能力。谁都难免遇到情势所迫的无奈、不可避免的失误、考虑欠妥的差错。

第五节　谈谈情说说爱

爱情是人类永恒的主题，也是大学校园里一道亮丽的风景。随着性生理的成熟和性心理的发展，想谈恋爱已成为大学生中较为普遍的心理状态。

掌握大学生恋爱心理的规律特点，有利于大学生培养健康的恋爱观、择偶观。

一、大学生恋爱心理发展的规律及特征

大学期间的恋爱心理发展过程可分为三个阶段：萌芽期（一般为大学一年级）、发展时期（一般为大学二、三年级）、稳定期（一般为大学生四年级）。大学生的恋爱心理一般具有以下特征。

（一）注重恋爱过程，轻视恋爱结果

恋爱向来被看作婚姻的前奏，目的是为了寻觅生活伴侣。但有调查结果显示，当代大学生注重的是恋爱过程本身，已经不太在意恋爱的结果。注重恋爱过程，有利于双方的深入了解，也有利于培养感情，反映了大学生不愿落入世俗，善意追求爱的真谛。但是，把恋爱当作一种感情体验，一种消遣文化，借以寻求刺激，满足精神享受，解除寂寞，填补空虚，导致一些大学生只享受恋爱过程，轻视恋爱结果。

（二）主观学业第一，客观爱情至上

从理性上，大学生都知道学业是第一位的，感情是第二位的，大学阶段应以学习为主，爱情应当服从学业；或者希望学业和爱情双丰收，既渴求学业有成，又向往爱情幸福。但真正在客观上、行为上能够正确处理好学业与爱情关系的人，虽然也有，可为数不多。更多是一旦坠入情网就不能自拔，强烈的感情冲击一切，学习同样受到严重影响。

（三）恋爱观念开放，传统道德淡化

随着时代的发展，当代大学生的恋爱观念日益开放，传统道德逐渐淡化。部分大学生信奉“爱情就是即时的快乐”等观念，在恋爱中只顾及当时的感觉，不愿再受传统道德观念的束缚。一项调查表明，65％的大学生认为“只要有爱情，性是可以理解的”，对恋爱中的人发生性关系表现出宽容的态度。甚至有的学生不再把性行为看作一件非常严肃的事，而是顺着内心的冲动，不加以克制，引发怀孕等负面事件。

（四）强调爱的权利，缺乏爱的能力

大学生中的恋爱大都是激情碰撞下的初恋，在激情平息之后，却不懂得如何培养爱情，在爱与被爱的磨合中显得笨手笨脚，往往造成对彼此的伤害，轻易地恋爱，轻易地分手，强调爱的体验，负不起爱的责任。

爱不仅是一种权利，更是一种责任和义务，必须以高度负责的态度对待恋爱。爱的权利和义务是不可分割的，只强调爱的义务，无视人有爱的权利，那是对人性的奴役，必须予以否定。但是，如果从一个极端走向另一个极端，只强调爱的权利，而不承担爱的责任和义务，就会陷入非理性主义的泥潭。

二、大学生常见恋爱心理问题

爱情之花虽然美艳，可是在花的海洋里，却容易迷失方向。恋爱在给人带来光明与幸福的同时，也会给人带来烦恼和痛苦。

（一）单恋

单恋，即单相思，是指一方对另一方以一厢情愿的倾慕与喜欢为特点的畸形爱情。单恋较多地出现在性格内向、敏感、富于幻想、自卑感较强的人身上。首先是自己爱上了对方，于是也希望得到对方的爱，在这种具有弥散心理的作用下，误解对方的言行、情感，误把友情当爱情，把对方的亲切和蔼、热情大方当作爱的表示并坚信不疑，从而陷入单恋的深渊不能自拔。单恋者固然能体验到一种深刻的快乐，但更多地体验到的是情感的压抑，因为他们无法正常地向自己所钟爱的异性倾诉柔情，更不能感受到对方的爱意。

那么大学生如何才能不陷入单恋的旋涡中呢？首先是要能避免“恋爱错觉”，学会准确地观察和分析对方的表情，用心明辨；要视其反复性，假如某种信息的经常出现可能意义很深，而一两次就不足为凭了；不要强化内心中形成的一见钟情式的浪漫爱情。其次，当向对方表达遭到拒绝时，要用理智克制自己的情感，爱情一定是两情相悦的，这种理性、客观、冷静的考虑也是自身未来幸福快乐的源泉。

（二）多角恋

所谓多角恋，是一个人同时被两个或两个以上的异性追求，或自己同时追求两个或两个以上的异性并建立了恋爱关系。多角恋是引发爱情纠纷的主要原因之一，实质上是比单恋更为复杂、更为严重的异常现象。由于爱情具有排他性、冲动性，因此任何一种多角恋都潜伏着极大的危险性，一旦理智失控，就会给对方及社会带来恶果。

导致多角恋的原因主要有：择偶标准不明确、择偶动机不良、虚荣心强、盲目崇拜。

爱情是专一、排他的，多角恋爱易引起纷争、不幸和灾难，也极易发生冲突，酿成悲剧，本身也为社会规范所不容。大学生选择恋爱对象，应选择属于自己的唯一，忠于恋人，善始善终。

（三）失恋

恋爱是幸福的，失恋是痛苦的，但是失恋不是失去了整个世界。失恋是指恋爱受挫失败。失恋引起的主要情绪反应是痛苦和烦恼。摆脱失恋的痛苦，需要外界的帮助，但更重要的是提高自己的心理承受力，增强心理的适应性，学会自我心理调节，从而达到新的心理平衡。

勇敢面对失恋。要做到这一点必须确立的观念：失恋不等于失败，而是成长过程中必经的测试。作为一个有理想有抱负的大学生，应勇敢地正视失恋的现实，爱情是以互爱为前提的，不可因一厢情愿而强求，应该尊重对方选择爱人的权利。也可以进行反向思维，多想对方的不足，分析自己的优势，鼓足勇气，迎接新的生活。

倾诉。失恋者的精神遭受打击，被悔恨、遗憾、愤怒、惆怅、失望、孤独等不良情绪困扰，可主动找朋友倾诉，减轻心理负荷。可以用口头语言，把自己的烦恼和苦闷向知心朋友毫无保留地倾诉出来，并听听他们的劝慰和评说，这样心理会平静一些。也可以用书面文字，如写日记或书信把自己的苦闷记录下来，或给自己看，或寄给朋友看，这样便能释放自己的苦恼，并寻得心理安慰和寄托。

移情。移情就是及时、适当地把情感转移到失恋对象以外的他人、事或物上。如失恋后，与好朋友交流思想，倾吐苦闷，求得开导和安慰；或积极参加各种娱乐活动，陶冶性情；或投身到大自然的怀抱中，从而得到抚慰。当然密切自己与其他异性的交往，也不失为一个合适的途径。

超然豁达的态度。告诉自己，失恋是恋爱的一部分，即便是伟人，也难免会遇到。有时不能强求，正如诗人徐志摩对待爱情的态度："得之，我幸；不得，我命。"失恋者应能够坦然面对失恋的现实，认真总结经验，努力完善自我，当新的、更为美好的爱情再次出现在面前时，能够既有准备，又有能力抓住它，不至于与它再次失之交臂。

升华。尽快把精力引向学习及自身事业中，把失恋升华为一种向上的动力。许多失恋者因此创造出了辉煌的成就。像歌德、贝多芬、罗曼·罗兰、诺贝尔、牛顿等历史名人都曾饱受失恋的痛苦。他们是用奋斗的办法更新"自我"，积极转移失恋痛苦的楷模。如果失恋者能正确对待和处理失恋，不仅能从中学到爱的能力，还能更好地完善自己、提升自己。

总之，失恋者要恢复心理平衡，做好感情转移和空间转移。做到失恋不失德、不失职、不失志。

三、培养健康恋爱观和择偶观

（一）理解爱情的真谛

每个恋爱的人都渴望获得真爱，但真爱不是来自两个人之间口头上的海誓山盟与海枯石烂，而是来自生活中的点点滴滴。

真爱是关心和给予。爱，是想对方之所想，给对方之所需，是无私的给予和关心。将自己的生命给予对方，同对方分享快乐、兴趣、理解力、知识、悲伤。爱应该是不做作、真诚主动地给予对方爱，在不问收获、埋头耕耘的过程中，自然而然地获得了爱。

真爱是尊重和信任。尊重意味着一个人对另一方的成长和发展应顺其自身规律和意愿。尊重蕴涵着没有剥削，即让对方按自己的目标去成长和发展，而不是服务于自己。要尊重对方的职业、爱好、选择、隐私和不同于自己的观点和生活习惯等方面。信任是一种尊重，也是一种自信，不必盘问对方的每个细节，更不必去跟踪调查。爱一个人，就要先信任他（她），不要凭感觉随意猜疑他（她），给他（她）一个自由的时间和空间。

真爱是宽容和理解。罗杰斯说："爱是深深的理解和接受。"宽容中包含着理解、同情和原谅，是最大限度地接纳对方。既要接纳对方的优点，也要接纳对方的缺点，但要注意限度和原则。

真爱是责任。不成熟的爱说：我爱你因为我需要你；成熟的爱则说：我需要你因为我爱你。所有的爱情都包含着一份神圣的责任，这种责任不是义务，不是外界强加的而是内心的自觉，即为自己所爱的人承担风霜雨雪，而不仅是感官上的愉悦与寂寞时的陪伴。

真爱是理性。马克思说："真正的爱情是表现恋人对他的偶像采取储蓄、谦恭、甚至羞涩的态度，而绝不是表现随意流露热情的过早的亲昵。"一时的狂热迷恋是一种危险的情感，只是一种生理上要求与异性接近的渴望。

真爱是独立。独立不是疏远，而是指与人相处时有自己的思考和行动，不轻易受他人左右，知道自己真正需要什么。独立的心态是一种成熟的品质，心理断乳的标志。爱需要保持独特个性和独立人格，不让自己消融在对方的影子里。

（二）培养爱的能力

迎接爱的能力，包括给予爱的能力和接受爱的能力。一个人心中有了爱，在理智分析之后，要敢于表达、善于表达，这是一种爱的能力。一个人面对别人的爱，能及时准确地对爱做出判断，并做出接受、谢绝或再观察的选择，这也是一种爱的能力。

拒绝爱的能力。自己不愿或不值得接受的爱应有勇气加以拒绝。拒绝爱要注意两个方面：一是当并不希望得到的爱情到来时，要果断、勇敢地说"不"，因为爱情来不得半点勉强和将就。如果优柔寡断或屈服于对方的穷追不舍，发展下去对双方都是不利的。二是要掌握恰当的拒绝方式，虽然每个人都有拒绝爱的权利,但是珍重每一份真挚的感情是对他人的尊重,也是一种对自己的尊重,同时也是对一个人道德情操的检验。因此,首先表现为对他人的尊重,要感谢对方对自己的感情。二是要态度明确,表达清楚,说清和对方只能是什么关系。三是行动语言要一致。不能在语言上拒绝了对方,但行动上还与对方有较亲密的接触,使对方产生误解,认为还有机会,纠缠在与自己的情感中。或者不顾情面,处理方法简单轻率,甚至恶语相加,结果使对方的感情和自尊心受到伤害,这些做法是很不妥当的。

发展爱情的保鲜能力,培养爱的责任。其实,爱情保鲜期的长短并不取决于科学,而在于你们的爱究竟有多深,有否发展爱情的保鲜能力。心理学博士张怡筠在《半边天》节目中介绍了一种“3 * 3”爱情保鲜计划,就是每天有 3 次,每次花 3 分钟时间做些事,这些事称为“3A”计划。其一,“attention”全神贯注,就是非常专心地倾听对方说话,走进对方的内心世界,以对方的快乐为自己的快乐。其二,“affection”浓情蜜意。其三,“appreciation”欣赏、感激。因此要保持爱情长久,需要两个人真正地关心对方;需要智慧、耐力、持之以恒及付出心血;需要学习新的东西,善于交流,懂得欣赏对方,同时又要有自己的个性、追求和发展,让爱情有不竭的源泉。

（三）摆正爱情的位置

大学生首先要摆正爱情在人生中的位置。爱情在人生中占有重要地位,没有爱情的人生是不完美的,但爱情不是人生的全部,只为爱情而活着是苍白的。人生的主旨应当是事业,只有伟大的事业对人生才具有决定意义。大学生应该把奋斗与创业放在首位,因为它是大学生价值感的主要支柱之一。当你把爱情视为生命的唯一时,爱情就是一株温室中的花朵,娇弱美丽却经不起任何的打击;当爱情成为唯一的存在价值时,你就会失去人格的独立和魅力,也很容易失去被爱的理由。

其次,大学生要摆正爱情在大学生活中的位置,要时刻清楚现阶段面临的任务是什么,奋斗目标又是什么。明确坚持学业第一的观点,大学生要理解今天的学习与未来的事业息息相关,这也是爱情美满的基础。那种抛开学业谈恋爱的做法，不仅有碍成就事业，也难以获得幸福的爱情，因此不仅是愚蠢的，也是可悲的。

大学生要克服客观上的爱情至上，树立崇高的理想，变“儿女情长”为胸怀大志，用理想的感召力焕发学习的激情，把兴奋中心转移到学习上，把时间和精力投放到学习上，从而真正把学习放在第一位，爱情服从学业，爱情促进学习。正确处理爱情与学习的关系，爱情与道德理想的关系。

（四）遵守恋爱道德

恋爱言谈要文雅，讲究语言美。交谈中要诚恳、坦率、自然，不要为了显示自己而装腔作势，矫揉造作；不能出言不逊，污言秽语，举止粗鲁；相互了解是必要的，但不要无休止地盘问对方，使对方自尊心受损，伤害彼此的感情。

恋爱行为要大方。一般来说，男女双方初次恋爱，在开始时常感到羞涩与紧张，随着交往的增加会逐渐自然与大方。

恋爱过程中要平等相待，相敬如宾。勿以己之长，而显人之短，借此来炫耀抬高自己，戏弄贬低对方。也不宜想方设法考验对方或摆架子，这些都可能挫伤对方的自尊心，影响双方的感情。

善于控制感情，理智行事。对恋爱中的性冲动，一方面要注意克制和调节，另一方面要注意转移和升华，与恋人一起多参加学习与文娱活动，要使爱情沿着健康的道路发展。

（五）培养健康的择偶观

正确的择偶观或者说恋爱观的基础应该是互相爱慕，志同道合；择偶的标准应是全面衡量，品德为重；择偶的态度应是严肃认真，履行义务。

志同道合。就是有共同的志向、抱负和事业心，具有共同的人生态度、生活理想和生活道路。这是爱情巩固可靠的基础，有了这样一个基础，其他方面的不足可以慢慢弥补。

品德为重。品德高尚的心灵美和外表美相比，前者更为重要，在恋爱问题上，应当树立这样一种观念：人不是因为美丽才可爱，而是因为可爱才美丽。

严肃认真。爱情并不是俯首拾来,随手抛去的花朵。绝不能朝三暮四,见异思迁。真正的爱情应当是忠诚的、持久的。青年男女一旦进入恋爱阶段,就不允许任何一方同时和两个及以上的异性处于恋爱状态,这就是爱情的专一性和严肃性。青年男女一旦结婚,双方就要互相体贴、互相帮助、互相谅解、同舟共济,共同度过美好的一生。

健康的择偶观总结为四点。以貌取人不妥当:内在美是重要条件,容貌美是会变化的,唯貌择偶根基不牢。以财取人不可取:有钱财未必有幸福,钱财要靠自己去创造。以职业取人不正确:职业不是爱情的必要条件,美满的爱情不取决于职业的好坏。志同道合才幸福:支持事业,品格端正,情趣相投。

知识窗

一、学习手记

克劳德·斯蒂尔谈刻板印象威胁

20世纪80年代后期,在密歇根大学学生多元化委员会会议期间,我注意到一个有趣的现象:在各级SAT入学分数水平中,少数群体学生所取得的大学成绩总是比非少数群体要低。很快,史蒂文、斯潘塞、乔舒亚、阿伦森和我发现这是一个全国性的现象,它存在于绝大多数的大学里,存在于其他能力被负面刻板化的群体中,诸如在高级数学课程中的女性。这种成绩低下并不是由考试者群体差异造成的,所有各级考试者(按SAT得分)都存在这样的问题。

我们最终在实验室里再现了这种成绩低下,我们只是鼓励人们去做一项困难的任务,而他们的群体在这个领域给人以负面的刻板印象。我们还发现,通过让相同的任务显得与刻板印象无关,也就是我们所说的去除“刻板印象威胁”,我们能够消除这种成绩低下。第二个发现激发了很多研究,例如，探讨如何减少刻板印象威胁及其不好的影响。通过这些工作，我们欣然获得两个收获：首先是生活情境在塑造心理功能上的重要性；其次是像年龄、种族和性别这样的社会身份在塑造这类生活情境中的重要性。

资料来源：[美]戴维·迈尔斯：《社会心理学》，侯玉波，乐国安，张智勇，等译，人民邮电出版社2006年版。

二、心理游戏

（一）备受攻击

目的：体验被排挤的滋味

内容：

1. 抽出一人做箭靶。

2. 在地上画一个圆圈，或用绳圈也可，"箭靶"站在中间，其他人至少要拍打他3次。但不可被"箭靶"碰到，被碰到的人便要做"箭靶"了。

备注：如有8人以上，分为两组为佳，这可易于走动。

变化："箭靶"可拉人入圈（这个圈一定要大一点），帮他一起捉人，即圈内人越来越多，直至所有人都入了圈为止。

（二）毕加索

目的：考验沟通能力

时间：10～20分钟

材料：笔和纸

内容：

1. 组长先预备数张画了图形的纸。（最好有多张）

2. 每两人配对比赛。

3. 开始前，每一组合背对背而坐。

4. 在指定时间内，一人负责讲图形，另一人则负责画图。画图的人，只可听不可问，也不可让讲的人看到。

5. 时间到，就看谁画得快而准。

6. 也可对换角色。

备注：

1. 这游戏可看到各人不同的沟通问题。

2. 组长可在游戏后，讲解沟通的艺术性和重要性。

思考题

1. 举例说明人际关系中的心理学效应。

2. 大学生该如何提高自己的人际交往能力？

3. 你在一段重要的关系中遇到的挑战和困惑有哪些？你在这段关系中得到了什么？

第六章　情绪管理与压力应对

能控制好自己情绪的人，比能拿下一座城池的将军更伟大。

——拿破仑

课前导读

压力应对的故事

明志作为一名大三学生，同时兼有多种角色：学生、队友、男友、儿子和兼职员工。刚开始他能充满激情地处理各种角色带来的不同分工，尽量避免严重冲突的发生，但时间一长，身兼多职的他便渐渐感到心有余而力不足，越来越无法协调多方面的关系，徒留沮丧。例如，在最近的一个星期三，他的会计学老师安排他在班上做一个关于"工资核算"的主题报告，队友们希望他能像往常一样参加每周一次的羽毛球训练，女朋友则希望和他一起去外校会见朋友并共进午餐，而他至今没有为即将到来的母亲节做任何准备，雪上加霜的是，老板打电话来要求他为一个生病的员工顶班。

明志的紧张感在诸如此类的角色冲突中不断加剧，胃部绞痛不知从何时起开始侵扰他，双肩紧缩，背部僵硬，这样的病痛每天都在折磨着他，他变得非常容易生气和焦虑，而且很长时间都无法从这种情绪中摆脱出来，他感到自己的思维变得更加模糊了。吃饭时他总想喝酒解乏，选择用酒精麻醉自己，食量也明显增加，他的女朋友成了他坏脾气和烦躁情绪的发泄对象。

经过了一系列压力管理的咨询，明志决定采取积极的措施。在接下来的几个月中，他每天坚持跑步与深度放松的训练；他注意改善自己的饮食，学会了用即时降压法放松身心；他开始尝试更科学的时间管理技巧，并将学习到的亲密关系沟通方法运用到实际生活中……最重要的是，他认识到，适度的压力是生活的一部分，如果控制得好，它们会转变成一种积极动力。

采取了这些措施后，明志的生活质量得到了明显的改善，他的精力水平、自我感觉、做事效率都有了提高，亲密关系也变得更加和谐。与以往不同的是，如今在面对多角色冲突造成的压力事件时，他能保持平常心，冷静地把握全局重点，有的放矢地投入精力。周围人都感受到了他的这种明显变化，确实令人鼓舞。

第一节 大学生的情绪管理

在生活中，情绪是人的心理状态的晴雨表，反映着每个人内在的心理状态。大学生正处于青年期，情绪波动较大，情感体验复杂而丰富，容易受到各种各样的情绪困扰。这一特点明显地影响到大学生的学习、生活等各方面，长期持续的不良情绪会影响大学生的身心健康，因而正确掌握和了解大学生情绪的特点，学会调适、消除不良情绪，正确认知与疏导大学生的情绪心理，对其学习、生活将很有裨益。

一般说来，凡能满足人需要的事物，能引起积极肯定的情绪，如愉快、高兴等;凡不能满足人需要的事物,则引起消极否定的情绪,如愤怒、恐惧等。经过长期研究表明,情绪具有先天遗传性,人的恐惧、愤怒、欢乐、悲哀等基本情绪及其表现方式是与生俱来的,无师自通,但成人的复杂情绪则是在后天习得的。

一、大学生的情绪特点

情绪是个体与环境、事物之间关系的反映,它具有独特的主观体验和外部表现形式,对人的活动有着非常重要的影响。作为特殊的群体,大学生的生理基本成熟而心理尚未完全成熟,易受到外界的干扰,因而对人、事、社会等各种现象特别关注,对新鲜事物十分好奇,对学业和未来充满信心,朝气蓬勃、积极进取,拥有许多积极的情绪,他们的每一个心理过程都是在某种特定的情绪背景下进行的并受其影响和调节。

大学时期是青年人心理成熟的重要时期,也是情绪丰富多变、相对不稳定的时期。随着社会地位、知识素养的提高以及所处特定年龄阶段的影响,大学生的情绪带有鲜明的特征。具体表现在以下几个方面。

(一)丰富性和复杂性

从人的生理发展阶段来看,大学生正处于青年期,人生面临多种选择,学习、交友、恋爱等人生大事基本在这一阶段完成。大学生作为特殊群体,生理基本成熟而心理尚未完全成熟,处于心理断乳期,易受到外界的干扰。对人、事、社会等各种现象特别关注,对友谊与爱情执着追求,对新鲜事物十分好奇,对学业和未来充满信心,朝气蓬勃、积极进取,拥有许多积极情绪(增力情绪)。但大学并不是伊甸园,也有竞争与压力。从自我意识的发展来看,大学生表现出较多的自我体验,自我尊重的需求强烈,易产生自卑、自负等情绪;从社交方面来看,大学生的交际范围日益扩大,与同学、朋友及师长之间的交往更细腻、更复杂,有的大学生还开始体验一种更突出的情感——恋爱,而恋爱过程往往又伴随着深刻的情绪体验,这种特殊的体验对大学生有十分重要的影响;在情绪体验的内容上,大学生的情绪呈现相当丰富多彩的特征，以惧怕的情绪来说，大学生所怕的事物，主要与社会的、文化的、想象的、抽象复杂的事物和情势有关，诸如怕考试、怕陌生人、怕惩罚、怕寂寞等。考试不及格、被朋友误解、恋爱失败甚至天气变化等都可以导致大学生产生消极情绪，可以说大学生的情绪极其丰富又极其复杂。

（二）波动性和两极性

大学时期是人生面临多种选择的时期，学习、交友、恋爱等人生大事基本上在这一阶段完成。社会、家庭、学校及生活事件，都会对大学生的情绪产生影响。特别是在社会转型过程中，大学生面对社会的变迁、体制的变革时易产生困惑和迷茫；在面临价值判断、认知取舍、前途选择时，心理也会有许多矛盾。家庭的变故、家庭成员关系的亲疏，以及学习、交友等个人生活事件都会影响大学生的情绪。尽管大学生的认知水平有了一定的提高，对自己的情绪已有了一定的控制能力，情绪亦趋于稳定，但与成年人相比，大学生相对敏感，情绪带有明显的波动性，一句善意的话语、一个感人的故事、一支动听的歌曲、一首情理交融的诗歌，都可以使大学生的情绪骤然发生变化。同时，由于大学生正处于情绪表现的“动荡”期，自我认知、职业生涯规划及心理发展还未成熟等原因，他们的情绪起伏较大，带有明显的两极化特征：胜利时得意忘形，挫折时垂头丧气；喜欢时花草皆笑，悲伤时草木流泪，情绪反应摇摆不定、跌宕起伏。有人对大学生进行调查，发现70%的人情绪经常两极波动，就像“波动曲线一样，忽高忽低，忽愉快忽愁闷”。

（三）冲动性与爆发性

心理学家霍尔认为，青年期处于“蒙昧时代”向“文明时代”演化的过渡期，其特点是动摇的、起伏的，他把这一时期称为“狂风暴雨”时期。由于知识水平和认知能力的提高，大学生对自己的情绪能够有所控制，但由于他们兴趣广泛，对外界事物较为敏感，加之年轻气盛和从众心理，因而在许多情况下，其情绪易被激发，犹如狂风暴雨不计后果，带有很大的冲动性。他们往往对符合自己信念、观点和理想的事件或行为迅速产生热烈的情绪；对不符合自己信念、观点和理想的事件或行为，则迅速产生否定情绪。个别的有时甚至会盲目的狂热，而一旦遇到挫折或失败又会灰心丧气，情绪来得快，平息得也快。

大学生情绪的冲动性常常与爆发性相连。大学生的自制力较弱，一旦受到某种外部强烈的刺激，情绪便会突然爆发，受冲动的力量驱使，以致在语言、神态及动作等方面失去理性，忘却任何事物的存在，极易产生破坏性的行为和后果。

（四）阶段性和层次性

大学阶段由于不同年级培养目标和培养重点不同，教育方式和课程设置也有所区别，各个年级面临的问题不同，大学生的情绪特点也不同，呈现阶段性和层次性特点。大学新生面临的是环境适应、学习方法的改变、新的交往对象熟悉、了解以及新的目标确立等问题。新生自豪感和自卑感混杂，放松感和压力感并存，新鲜感和恋旧感交替，情绪波动大。二三年级经过了一年级的适应，能够融入校园生活中，情绪较为稳定。毕业班学生面临毕业论文（毕业设计）与择业等多方面的重大问题，压力大、情绪波动大，消极情绪多。另外，由于社会、家庭及自身要求、期望不同，以及能力、心理素质的差别，大学生也会体现着不同的情绪状态。

（五）外显性与内隐性

大学生对外界刺激反应迅速敏感，喜、怒、哀、乐常形于色，比起成年人比较外露和直接；但比起中小学生，大学生会掩饰、隐藏或抑制自己的真实情感，表现出内隐、含蓄的特点。一般而言，大学生的很多情绪是一眼就能看出的，如考试第一名或赢得一场球赛，马上就能喜形于色。但由于自制力的逐渐增强，以及思维的独立性和自尊心的发展，大学生情绪的外在表现和内心体验并不总是一致的，在某些场合和特定问题上，有些大学生会隐藏或抑制自己的真实情感，表现出内隐、含蓄的特点。例如，对学习、交友、恋爱和择业等具体问题，他们往往深藏不露，具有很大的内隐性。另外，随着大学生融入社会的深入与心理的逐渐成熟，他们能够根据特有条件、规范或目标来表达自己的情绪，使得自己的外部表情与内部体验具有不一致性。例如,有的学生对异性萌生了爱慕之情,却往往留给对方的印象是贬低、冷落人家。

二、大学生情绪健康的标准

健康的情绪是健全人格的必要条件之一。一般而言,情绪的目的性恰当、反应适度,不带有幼稚的、冲动的特征,符合社会规范的要求,就是情绪健康的标准。

(一) 心理学家瑞尼斯等提出情绪健康的六项指标

1. 发展出某些技巧以应付挫折情境;

2. 能重新解释、接纳自己与情绪的关系,不会一直自我防卫,能避免挫折并安排替代的目标;

3. 知觉某些情境会引起挫折,可以避开并找寻替代目标,以获得情绪满足;

4. 能找出方法,缓解生活中的不愉快;

5. 能认清各种防卫机制的功能,包括幻想、退化、反抗、投射、合理化、补偿,避免成为错误的习惯,以致防卫过度,造成情绪困扰;

6. 能寻求专家的帮助。

(二) 心理学家索尔指出情绪健康的八个特点

1. 独立,不依赖父母;

2. 增强责任感及工作能力,减少与外界接纳的渴望;

3. 去除自卑情结、个人主义及竞争心理;

4. 适度的社会化与教化,能与人合作,并符合个人良心;

5. 成熟的性态度,能组织幸福家庭;

6. 培养适应能力,避免敌意与攻击;

7. 对现实有正确的了解;

8. 具有弹性以及适应力。

对大学生来说,情绪健康具体表现为:情绪的稳定性好,表达方式恰当;

情绪的基调是积极、乐观、愉快、稳定的，对不良情绪具有自我调控能力，情绪反应适度；高级的社会情感（理智感、道德感、美感等）能得到良好的发展。

三、情绪对大学生健康的影响

（一）情绪对大学生健康的影响

心理学和医学的研究成果表明，情绪对人的身心健康具有直接影响。若能保持愉快的心境，为人开朗乐观、积极向上，则人体免疫功能活跃旺盛，可以减少患病的概率，有益健康。不仅如此，良好的情绪不仅使大学生对生活充满希望，对自己满怀信心，而且能够使他们的求知欲增强、思维敏捷、富于创造力、爱好广泛、建立良好的人际关系，促进他们的全方位发展。

与此相反，消极的情绪对人的身心健康危害极大，在焦虑、压抑、紧张、恐惧等消极情绪的长期作用下，人的免疫力下降，容易患各种传染性疾病，内脏功能也会受到伤害。许多研究表明，消极情绪是健康的大敌。突然而强烈的紧张情绪会抑制大脑皮层高度心智活动，破坏大脑皮层的兴奋和抑制的平衡，使人的意识范围狭窄、判断力减弱，失去理智和自制力。调查发现，大学生中常见的消化性溃疡、紧张性头痛和偏头痛、心律失常、月经失调、神经性皮炎等，都与消极情绪有关。

（二）情绪对大学生学习的影响

情绪不仅与大学生的身心健康有关，而且与大学生的潜能开发、工作效率有关。良好的情绪情感使大学生乐于行动，有兴趣学习、工作和活动，有助于开阔思路，注意力集中，富有创造性。研究发现，精神愉快、心情舒畅、紧张而轻松是思考和创造的最佳状态，这时才能有效地进行智力活动。

心理学家用实验方法研究情绪与学习成绩的关系时，通常将焦虑程度与学习成绩分别作为自变量和因变量，然后采用自我评定法和生理反应法来研究它们之间的关系。研究结果表明，焦虑程度与学习成绩呈倒 U 形关系。

结果表明，适度的焦虑能使大学生提高学习效率，焦虑程度过高或过低，均难以取得优异的学习成绩。在生活中常有这种现象：有的大学生在考试时过分紧张，结果出现“晕场”现象；而有的学生对考试采取不以为然的态度，考试成绩也不高。

（三）情绪对大学生人际关系的影响

具有良好情绪特征的人，比如乐观、热情、自信是人与人之间产生相互吸引的重要条件，能使彼此的心理距离缩短、情感融洽；而自卑、情绪压抑、爱发怒的人，往往不能与他人正常相处，较难沟通，使人与人之间的关系疏远。

情绪具有感染性与传染性。积极、稳定、适度的正面情绪大于负面情绪的人，在人群中更受欢迎，更容易获得别人的赞赏，更容易形成良好的人际关系。一位大学生这样形容宿舍的另一位同学：他的情绪如六月的天，喜怒无常，无法把握，与他相处，如履薄冰，时刻要受他情绪的支配与感染。宿舍同学认为，他没有权利用他的坏情绪影响其他同学的好心情，因而我们选择逃避，尽量与他少交往。

与此同时，大学生在人际交往中，要注重提高自身修养，学会适度控制与调适自己的情绪，做情绪的主人，才能拥有良好的人际关系。

（四）情绪对大学生行为目标的影响

1979 年，心理学家埃普斯顿对大学生的自我观念、情绪与行为变化之间关系的研究成果表明，当体验到的是积极的情绪时，如高兴、亲切、安全、平静，大学生的行为目标也往往是积极的、生动的，对新经验的接受和开放、对周围人的尊重和理解、对价值和长远目标的献身精神等，都明显增强；当体验到的是痛苦、愤怒、紧张或受威胁等消极情绪时，一部分大学生的社会兴趣下降，反社会行为增加，对新经验持审慎，甚至封闭的态度，另一些大学生的行为并没有向消极方面转化，而是吸取教训，准备重新开始。

埃普斯顿的实验结果表明，积极的情绪体验与积极的行为变化呈现正相关。因此，在大学生活中要尽可能多地缔造这种关系。积极引导消极情绪，使之转化为长远目标和价值献身的精神。

第二节　大学生常见情绪问题

大学生活总的来说是紧张的，社会期望高、心理压力大、学习负担重，竞争激烈，使大学生的情绪易处于紧张状态。一般认为，适度的、情境性的负面情绪反应，如考试中的紧张和焦虑，失意后的悲伤等情绪是正常的。但是，如果大学生不能很好地处理生活和学习中的各种问题，极易产生不同程度的情绪问题，从而影响身心健康和发展。

许多调查资料显示，我国大学生心理障碍和疾病的发病率高达20%，因各种疾病而休学、退学的比例也呈上升趋势。造成学生身心不健康的原因是多方面的，但与大学生的情绪关系最为密切，特别是一些强烈而持久的情绪问题，对大学生的危害更大。

大学生的情绪问题，一般是指大学生的消极情绪或称负情绪，指因不幸生活事件引起的悲伤、痛苦且长时间持续不能消除的状态。情绪问题一方面导致大学生大脑神经功能紊乱，使情绪中枢部位的控制减弱，导致其认知范围缩小，自制力、学习效率降低，不能正确评价自我，甚至产生某些失去理智的行为，造成心理障碍和心理疾病；另一方面，情绪问题又会降低大学生的免疫功能，导致其正常生理平衡失调，引起心血管、消化、泌尿、呼吸、内分泌等系统的各种疾病。

一、大学生常见情绪问题

（一）自卑

自卑是指由于不适当的自我评价和自我认识所引起的自我否定、自我拒绝的心理状态。自卑，并不是指客观上看起来自己不如别人，而是主观上认为自己不如别人，认为自己不够好，自己不值得别人对自己好，自己一文不值。自卑者经常觉得自己不够好，别人都比自己好。有的想做很多事情，因为害怕自己做不好而不去做。

大学生产生自卑的原因主要是理想自我和现实自我差距太大，差距形成的原因主要有社会因素、学校因素和家庭因素。

（二）焦虑

焦虑是十分常见的现象，是一种类似担忧的反应或是自尊心受到潜在威胁时产生担忧的反应倾向，是个体主观上预料将会有某种不良后果产生的不安感，是紧张、害怕、担忧混合的情绪体验。人们在面临威胁或预料到某种不良后果时，都有可能产生这种体验。

焦虑不仅存在于大多数人的生活中，而且也是其他心理障碍共有的因素，如抑郁症与恐惧。焦虑作为一种情绪感受，可以通过身体特征体现出来，如肌肉紧张、出汗、嘴唇干裂和眩晕等，焦虑也伴随认知成分，以为将来会发生不愉快的事情。由于焦虑与恐惧、担心、惊慌等相关，也有人将担心看作焦虑的认知成分。

焦虑是大学生常见的情绪困扰，当他们在学习、工作、生活等方面遭遇挫折或担心需要付出巨大努力的事情来临时，便会产生这种体验。焦虑对大学生的影响是复杂的，既可以成为大学生成才的内驱力，起促进作用，有时也起阻碍作用。实验证明，中等焦虑能使学生维持适度的紧张状态，注意力高度集中，促进学习。但过度焦虑则会对学生带来不良的影响。如有的大学生在临考前夜失眠或考试时“怯场”，在竞赛中不能发挥正常水平等，多是高度焦虑所致。焦虑困扰的大学生，常常会感到内心极度紧张不安、惶恐害怕、心神不定、思维混乱、注意力不能集中，甚至记忆力下降，同时还容易产生头痛、失眠、食欲不振、胃肠不适等不良生理反应。焦虑的大学生在内心深处有一种无法解脱、不愿正视的心理问题，焦虑只是矛盾冲突的外显，借此作为防御机制以避免更深层次的困扰。

大学生常见的焦虑有自我形象焦虑、学习焦虑和情感焦虑。自我形象焦虑是担心自己外貌没有吸引力，体形或者脸部斑点等影响自我形象而引起的焦虑。这类焦虑与自我认知有关，需要通过调整自我认知重新接纳自我，建立新的自我形象。与学习有关的焦虑，如考试焦虑，在学生情绪反映中最为强烈。情感焦虑多数是由于恋爱受挫而引发的自我否定，认为自己不具备爱人与被爱的条件，因而过度担心引起焦虑。

（三）抑郁

抑郁是种持续时间较长的低落、消沉的情绪体验，它常常与苦闷、不满、烦恼、困惑等情绪交织在一起。抑郁症状不单指各种感觉，还指情绪、认知与行为特征。抑郁最明显的症状是压抑的情绪，表现为仿佛掉入了一个无底洞或黑洞之中，正被淹没或窒息。抑郁常常伴随着焦虑，对所有活动失去信心、兴趣。抑郁也伴随着个体思维方式的转变，这些认知改变可以是一般性的，比如注意力不集中、记忆力衰退等。在思考中可能有更多的心境转变，消极地看待世界、自我和未来。同时，还伴随身体乏力，起床困难，失眠、饮食紊乱导致的体重激增或骤减等。

一般来说，这种情绪多发生在性格内向、孤僻，依赖性强，敏感多疑，不爱交际，生活遭遇挫折，长期努力得不到回报的大学生身上。那些不喜欢所学专业或人际关系处理不当、失恋的大学生也会产生抑郁情绪。

（四）愤怒

愤怒是由于客观事物与人的主观愿望相违背，或因愿望无法实现时，人们内心产生的一种激烈的情绪反应。研究表明，当愤怒发生时，可能导致人体心跳加快、心律失常、高血压等躯体性疾病，同时还会使人的自制力减弱甚至丧失，思维受阻、行为冲动，或干出一些事后后悔不迭的事或造成不可挽回的损失。

愤怒是大学生常见的一种消极情绪，处于精力充沛、血气方刚的青年时期的大学生，在情绪情感发展上往往容易产生好激动、易动怒的特点。正如古希腊著名数学家、哲学家毕达哥拉斯所说："愤怒是以愚蠢开始，以后悔告终。"遇事缺乏冷静的分析与思考，图一时之快，逞一时之勇的好激动、易动怒的不良情绪在一些大学生身上时有体现，对大学生的影响是极其有害的，

（五）嫉妒

嫉妒是指他人在某些方面胜过自己引起的不快甚至是痛苦的情绪体验。嫉妒者不能容忍别人超过自己，害怕别人得到自己无法得到的名誉、地位等，在他看来，自己办不到的事别人也不要办成，自己得不到的东西，别人也不要得到。

嫉妒是自尊心的一种异常表现，在大学生中普遍存在。具体表现为当看到他人学识能力、品行荣誉甚至穿着打扮超过自己时，内心产生的不平、痛苦、愤怒等感觉；当别人身陷不幸或处于困境时则幸灾乐祸，甚至落井下石，在人后恶语中伤。嫉妒扭曲人的心灵，妨碍人与人正常、真诚地交往。

在日常生活中，嫉妒的存在是很普遍的。当看到别人比自己强时，心里就酸溜溜的不是滋味，于是就产生一种包含着憎恶与羡慕、愤怒与怨恨、猜疑与失望、屈辱与虚荣以及伤心与悲痛的复杂情感。嫉妒心强的人容易得身心疾病。长期处于不良的情绪状态中，产生压抑感，容易引起忧愁、消沉、怀疑、痛苦、自卑等消极情绪，会严重损害身心健康，还会影响大学生自我发展。不良情绪会大大降低学习的效率，也可能使其结交不到知心朋友。嫉妒心强的人往往事事好胜，常想方设法阻止别人的发展，总想压倒别人。这可能使同学们想躲开他，不愿与他交往，从而给自己造成一个不良的人际关系氛围，会感到孤独、寂寞。

克服嫉妒首先要开阔视野，开阔心胸，懂得“天外有天，人外有人”的客观规律。其次要学会转移注意力，需要积极进取，使生活充实起来，以期取得成功。培根说过：“每一个埋头沉入自己事业的人，是没有工夫去嫉妒别人的。”因此，积极参与各种有益身心的活动，使大学生活真正充实起来，嫉妒的毒素就不会蔓延。为了缓解自己的失败带来的心理上的不平衡感，可以找一些理由使自己不再嫉妒别人。然后要学习并欣赏别人的长处，化嫉妒为动力。一个人在嫉妒别人时，总是关注别人的优点，忽视自己的优点。一般而言，嫉妒心理较多地产生于周围熟悉的年龄相仿、生活背景大致相同的人群中。因此，只有采取正确的比较方法，将人之短比己之长，而不是以己之短比人之长。有意识地想一想自己比对方强的地方，这样就会使自己失衡的心理天平重新恢复到平衡的状态。四是建立正确的自我意识，提高自我意识水平，正确地评价自己和别人。嫉妒是一种突出自我的表现。在这种心理支配下，待人处事常常以自我为中心，首先考虑到的是自身的得失，因而引起一系列的不良后果。若出现嫉妒苗头时，要自我约束，摆正自身位置，努力驱除嫉妒心，会感到“心底无私天地宽”。

（六）冷漠

冷漠是指人对外界刺激缺乏相应的情感反应，对生活中的悲欢离合都无动于衷，具体表现为对凡事漠不关心、冷淡、退让的消极情绪。如有的大学生对周围的人和事漠不关心，对集体和同学态度冷淡，对自己的前途命运、国家大事等漠然置之，似乎自己已看破红尘、超凡脱俗。于是，让自己游离于社会群体之外，独来独往，对各种刺激无动于衷。这种冷漠的情绪状态，多是压抑内心情感情绪的一种消极逃避的反映。具有这种情绪的人从表面上看，虽表现得平静、冷漠，但内心却往往有强烈的痛苦、孤寂和压抑感。如果大学生长时间地处于这种情绪状态下，巨大的心理能量无法释放，超过了一定限度时，就会以排山倒海的形式爆发出来，致使心理平衡遭到破坏，影响身心健康。

冷漠的形成多数与人生重大生活事件与重要丧失有关，也与个体的生活经历有关。克服冷漠最根本的是改变认知，发现生活的意义，发现自我的价值，改变长此以往形成的对人生消极的看法；从行为上，积极投身各种有意义的活动，融入集体，进行积极的自我暗示与自我提升；正确认识自我与他人、个体与社会，并不断矫正自己的非理性观念。

二、大学生情绪问题产生的原因

由于大学生正处于生理、心理及思想变化时期，心理状态及情绪动荡不安，且缺乏社会生活的磨炼，心理承受能力相对薄弱，在社会环境日新月异的变化面前，缺乏恰当的适应能力极易导致焦虑、抑郁、自卑、逆反等情绪问题的产生。归纳起来,大学生中的情绪问题主要受以下因素影响。

（一）客观因素

1. 社会环境的影响

随着社会主义市场经济体制的建立和发展、竞争机制的引入、生活节奏的加快、传统价值观念转变以及转型时期社会变化出现的各种不良现象,这些对社会阅历浅、心理应对和承受能力弱的大学生带来了很大的冲击,容易引发大学生的心理与行为严重失调,产生不良情绪。大学生面临的任务就是要全方位地塑造自己,将自己推入市场,接受市场的选择。不少学生由于对自己信心不足,时常出现过于焦虑和担心的情绪。

2. 学校环境的影响

随着我国高校教育体制改革的深入,只重学习成绩或一纸文凭的时代或将成为历史。高校为了适应市场的需要,提高自身办学水平、培养优秀人才,对学生的学习、综合素质等方面也要求更高,并制订了完善的考核标准。大学生稍有松懈就会在竞争中失利,这也成为大学生产生消极情绪的诱因之一。另外,由于目前高校改革不断深化,招生规模不断扩大,由此带来了高校办学的一系列变化,教育产业化实行的上学交费制度、奖学金制度、考试淘汰机制及择业制度的变更、完善,无不牵动着每一个大学生。这一系列变化冲击着当代大学生动荡不稳的心理,影响着大学生的情绪。

另外,校园文化的偏差和心理健康教育的落后也是影响学生情绪的重要因素。近年来,由于学业负担沉重和就业压力加大,校园文化出现气氛不浓、质量不高的现象,许多学生社团组织名存实亡,校园人际关系也变得庸俗化和难以协调。理想与现实的反差使不少学生产生心灵孤独感、寂寞感和不适应感,甚至产生抵触情绪。在此情况下学校心理健康教育滞后,忽视对学生情绪调控能力的培养,导致情绪问题在大学生群体中日益严重。

3. 家庭因素的影响

家庭是人才成长的启蒙学校,家庭经济状况,家长的教育态度、内容与方式,家庭成员之间的亲疏关系,对学生情绪、情感水平的培养起着非常重要的影响。当前，生活节奏的加快、社会的转型，对家庭的冲击较大，单亲家庭、下岗家庭等问题家庭增多，越来越深刻地影响着大学生的情绪。另外，家长对子女过高的期望值或要求，过于急切的"望子成龙"的心态，对加重其子女的心理负担，使之产生焦虑不安等情绪体验起了推波助澜的作用。一些大学生因为害怕不能满足家长的要求或不能为家庭增添光彩，因而引发高度焦虑和极度苦闷的情绪反应。

（二）主观因素

外在的环境刺激对大学生情绪问题的产生影响固然深刻，但大学生的情绪变化的决定性因素还取决于大学生自身。

1. 不能正确地评价自我，角色转换适应不良

每位大学生的过去都有一段"辉煌的历史"。但是，大学校园是群英荟萃、人才济济的地方，这样的变化，常常会使一部分学生感到失落，变得不知所措而逐渐产生自卑感。因此，每个大学生都需要重新认识自我，摆正位置，寻找新的起点。如果一味沉溺于过去，不愿正视现实，遇到困难挫折时很容易产生自负自卑的情绪。相反，习惯于过高地估价自己，心里常常觉得自己什么都比别人强，容易滋生骄傲自满的情绪，一旦遇到挫折，就会一蹶不振、自暴自弃。

2. 依赖性与自主性的矛盾

在大学时代，大学生进入了较为自由和开放的环境，独立意识日益增强，希望独立自主，凡事想依靠自己的力量，处处想彰显个人的主张。他们渴望在各个方面取得成功，关心时事政治，积极参加校内外各种活动，力求处处展示自己的能力。但是，由于他们的心理成熟落后于生理成熟，认识能力落后于行动能力，在经济上、行为上尚不能完全独立，长期形成的依赖心理一时难以摆脱，面对复杂的环境常常不知所措。另一方面，多数学生是独生子女，有较强的依赖性，缺乏社会经验和独立生活能力。进入大学后，生活中的一切事务都要亲自处理，这对于生活自理能力极差的部分大学生来说缺乏必要的心理准备。这种依赖性和自主性的矛盾容易导致部分学生对

大学生活感到严重不适，处于悲伤、抑郁状态。

3. 期望值偏高与现实状况的反差

处在“青春少年”的大学生一般比较自信，对自己的前途和未来怀有美好的向往，自我期望值很高。但现实状况却不尽如人意，如果大学生经过一个阶段的努力仍然不能实现自己的愿望，就会感到理想破灭，一旦遇到困难和挫折，就很容易萎靡不振，情绪低落；或者产生逆反情绪，与社会对立。

4. 性和恋爱引起的情绪波动

由于大学生的性机能日益成熟，对感情的欲望逐渐加强，他们渴望与异性交往，追求美好爱情。但由于大学生心理尚未完全成熟，情绪有较大波动性，而且由于大学生的性格尚未定型，承受挫折的能力不够，对爱情的理解又过于浪漫而不切实际，一旦在情感问题上遭受挫折便难以接受而灰心丧气、一蹶不振，甚至走向极端。

5. 人际交往的受挫

一些大学生对友谊的渴求十分强烈，但对人际交往期望值过高，一旦期望值难以达到，就容易对人际交往采取消极冷漠的态度。当出现心理困扰，又苦于无人倾诉排解，由于得不到及时的帮助与治疗，就可能引发精神上的疾病。

另外，不少学生或多或少地怀有封闭心理，担心自己在社交场合不善言谈，担心自己缺少社交风度和气质，不被人重视接纳。有些同学很想正常地与人交往，却因生性内向，过于腼腆，存在思想顾虑，从而游离于校园交际圈之外。

6. 重要丧失

大学期间的重要丧失也会对大学生的情绪产生重大影响：一是与大学生活有关的重要丧失，如考试失利、学业失败、考研失利等；二是与大学生自我发展有关的荣誉的丧失，如入党、评优等；三是情感方面的重要丧失，如失恋、与好友失和等；四是重要他人的丧失，如亲人去世、家庭发生重大变故等。这些重要丧失都会对大学生的情绪构成影响，特别是负面生活事件对大学生不良情绪的滋长与蔓延起着不容忽视的作用。如果不及时调整,容易引发情绪问题。

第三节 大学生的情绪调适

由于不良情绪会妨碍人的身心健康,心理学家积极主张对大学生的情绪进行科学指导,并提倡大学生进行自我调节。不同情境中的负面情绪可以采取不同方法进行自我调节和控制。以下原则对大多数人会有一定的指导与帮助: 培养乐观向上、积极进取的人生观;培养广泛的兴趣爱好与主观幸福感,热爱生活;注重沟通的艺术,学会与人合作,建立良好的人际关系;悦纳自己,宽以待人,不苛求别人;学会忘记过去的失败与对自己的伤害;避免过分自责;善于控制自己的情绪,并学会消化负面情绪;不要随意扩大某事的严重性,尽可能做到"大事化小,小事化了"。

正确看待情绪的变化,观察和了解自己的情绪状态,人不可能一帆风顺,有生就有死,有乐就有苦。苦难对天才来说是一块垫脚石,积极的情绪就有积极的结果。

一、不良情绪的调控和管理

(一) 缓和不良情绪的方法

1. 腹式呼吸放松法

腹式呼吸是一种慢节律方式的深呼吸。每一次呼吸,都用膈肌把氧气深深吸入肺内。因为焦虑或自主神经兴奋最常出现浅而快的呼吸,腹式呼吸以一种更放松的方式取代了这种浅而快的呼吸方式,可以减轻焦虑。学习腹式呼吸,先要选择一个舒服的部位,然后把一只手放在胸肋下面的腹部向外移动,这是膈肌将空气深深吸入肺内。在腹式呼吸时,两肩膀不动。在吸气时两肩膀向上移动,表示是位于肺上部的浅呼吸而不是进入肺内的深呼吸。许多人认为在吸气时腹部应该使劲，其实相反，当一个人用膈肌深呼吸时，腹部是向外运动的。在学习了正确的呼吸后，每次吸气时腹部膨胀，呼气时腹部缩小。

练习之前选择舒适的座位、站位或卧位，闭上眼睛，保持慢吸气3～5秒，直到腹部充满气体。在吸气的同时，膈肌伸展到腹部。缓慢呼气3～5秒，在呼气的同时，膈肌靠近腹部。在腹式呼吸练习中，吸气与呼气最好都通过鼻腔。在吸气和呼气时，练习者要把注意力集中在呼吸的感觉上（如感觉肺部的扩张与收缩、空气的进与出、腹部的运动等）。由于注意力集中在这些感觉上，练习者就不太可能产生焦虑的想法。

2. 积极的自我暗示

自我暗示，从心理学角度讲，就是个人通过语言、形象、想象等方式，对自身施加影响的心理过程。这个概念最初由法国医师库埃于1920年提出，他的名言是“我每天在各方面都变得越来越好”。自我暗示分积极自我暗示与消极自我暗示。积极自我暗示，在不知不觉之中对自己的意志、心理以至生理状态产生影响，积极的自我暗示令我们保持好的心情、乐观的情绪、自信心，从而调动人的内在因素，发挥主观能动性。心理学上所讲的“皮格马利翁效应”也称期望效应，就是讲的积极的自我暗示。而消极的自我暗示会强化个性中的弱点，唤醒潜藏在心灵深处的自卑、怯懦、嫉妒等，从而影响情绪。

与此同时，大学生可以利用语言的指导和暗示作用，来调适和放松心理的紧张状态，使不良情绪得到缓解。心理学的实验表明，当个人静坐时，默默地说“勃然大怒”“暴跳如雷”“气死我了”等语句时心跳会加剧，呼吸也会加快，仿佛真的发起怒来；相反，如果默念“喜笑颜开”“兴高采烈”之类的语句，那么他的心里面也会产生一种喜悦的体验。由此可见，言语活动既能唤起人们愉快的体验，也能唤起人们不愉快的体验；既能引起某种情绪反应，也能抑制某种情绪反应。因此，当在生活中遇到情绪问题时，大学生应当充分利用语言的作用，用内部语言或书面语言对自身进行暗示，缓解不良情绪，保持心理平衡。比如，用笔在纸上写出下列词语："冷静""镇定"等。实践证明，这种暗示对人的不良情绪和行为有奇妙的影响和调控作用，既可以松弛过分紧张的情绪，又可用来激励自己。

3. 合理宣泄法

过分压抑只会使情绪困扰加重，而适度宣泄则可以把不良情绪释放出来，从而使紧张情绪得以缓解、放松。因此，遇有不良情绪时，最简单的办法就是"宣泄"。宣泄一般是在知心朋友中进行的。采取的形式可以是用过激的言辞抨击恼怒的对象；或是尽情地向至亲好友倾诉自己的不平和委屈等，一旦发泄完毕，心情也就随之平静下来；或是通过体育运动、劳动和哭泣等方式来尽情发泄；在采取宣泄法来调节自己的不良情绪时，必须增强自制力，不要随便发泄不满或者不愉快的情绪，要采取正确的方式，选择适当的场合和对象，以免引起意想不到的不良后果。

4. 转移注意力

注意力转移法就是把注意力从引起不良情绪反应的刺激情境转移到其他事物上去，或从事其他活动的自我调节方法。当出现情绪不佳的情况时，要把注意力转移到使自己感兴趣的事上去，如外出散步、看电影、上网、打球、下棋、找朋友聊天、换环境等，有助于使情绪平静下来，在活动中寻找到新的快乐。这种方法，一方面中止了不良刺激源的作用，防止不良情绪的泛化、蔓延；另一方面，通过参与新的活动特别是自己感兴趣的活动而达到增进积极的情绪体验的目的。

（二）转换不良情绪的方法

1. 理性情绪疗法

美国临床心理学家阿尔伯特·埃利斯在 20 世纪 50 年代创立的理性情绪疗法（ Rational-emotive therapy，简称 RET），其核心是去掉非理性的、不合理的信念，建立正确的信念。非理性信念的特点是绝对化、过分概括化。

埃利斯认为，非理性信念主要包括以下十条：

一是，每个人都应该得到在自己生活环境中对自己重要的人的喜爱与赞许；

二是，每个人都必须能力十足，在各方面有成就，这样的人才是有价值的；

三是，有些人是坏的、恶性的，为了他们的恶行，他们应该受到严厉的责备与惩罚；

四是，假如发生的事情是自己不喜欢或不想发生的，那么它就是糟糕、很可怕的，事情应该是自己喜欢与期待的那样；

五是，人的不快乐是由外在因素引起的，一个人很少有或根本没有能力控制自己的忧伤和烦闷；

六是，一个人对于危险或可怕的事物应该非常挂心，而且应该随时考虑到它可能发生；

七是，逃避困难、挑战与责任要比面对它们容易；

八是，一个人应该依靠别人，而且需要有一个比自己强的人做依靠；

九是，一个人过去的历史对他目前的行为是极重要的决定因素，因为某事曾影响一个人，它会继续，甚至永远具有同样的影响效果；

十是，一个人碰到种种问题，应该有一个正确、妥当及完善的解决途径，如果无法找到解决方法，那将是糟糕的事。

埃利斯的 RET 理论认为，情绪并不是由某一诱发事件本身直接引起的，而是由经历这一事件的个体对这一事件的解释和评价所引起的。这一理论也称为情绪 ABC 理论：A 是指诱发性事件(Activating Event)；B 指个体所遇到的诱发性事件之后产生的相应信念(Belief)，即他对这一事件的想法、解释和评价；C 指在特定的情景下，个体的情绪及行为的结果(Consequence)。

当一名大学生因考试成绩差(A)而焦虑甚至产生抑郁(C)时，这是因为他有这样的信念(B)，即大学生应当在各方面都是优秀的、出类拔萃的，否则情况就非常糟糕。合理的解释是大学生未必各方面都优秀，做最好的自己才是最重要的。人的思想、情感和行动三者都是同时发生的，即当人思考时，也在感受和行动；同样，当人在感受时，也在思考与行动。情绪问题正是不断地用非理性的话对自己进行言语、暗示或指示的结果。

2. 自我安慰法

当一个人遇到不幸或挫折时，为了避免精神上的痛苦或不安，可以找出一种合乎内心需要的理由来说明或辩解。如为失败找一个冠冕堂皇的理由，用以安慰自己，或寻找的理由强调自己所有的东西都是好的，以此冲淡内心的不安与痛苦。这种方法，对于帮助人们在大的挫折面前接受现实、保护自己、避免精神崩溃是很有益的。比如，对于失恋者来说，想到“失恋总比结婚后再离婚要好得多”，便可减轻因失恋带来的痛苦。因此，有时人们常用“胜败乃兵家常事”“塞翁失马，焉知非福”“坏事变好事”等词语来进行自我安慰，缓解矛盾冲突，消除焦虑、抑郁和失望，达到总结经验、吸取教训的目的，有助于保持情绪的安宁和稳定。

自我意识是人的个性中的一个组成部分，它是推动个性发展的重要因素。强化自我意识，使自身需要总是处于自我意识觉察和有效管理之下，那么情绪就不会泛滥。因而，自我意识水平越高，对个性特别是情绪的影响、调节与统合作用也越大。

3. 情绪升华法

升华是改变不为社会所接受的动机、欲望而使之符合社会规范和时代要求的，一种对消极情绪的高水平的宣泄，是将消极情感引导到对自己、对他人、对社会都有利的方向。比如一位同学因失恋而痛苦万分，但他没有因此而消沉，而是把注意力转移到学习中，立志做生活的强者，证明自己的能力。

在上述方法都失效的情况下，仍不要灰心，在有条件的情况下，去找心理医生进行咨询、倾诉，在心理医生的指导与帮助下，克服不良情绪。

二、健康情绪的培养

（一）充实自己的精神生活

充实自己的精神生活，一是要树立人生理想。有理想的人精神自然有寄托，工作有动力，生活充实，而且为了实现理想会自觉地调整情绪，使情绪处于积极稳定、乐观向上的状态。二是要加强学习，提高思想文化修养。有思想文化修养的人胸襟开阔，少猜疑、不嫉妒，情绪能够保持在健康的状态。

（二）增强自信

自信心是一个人对自己积极的感受，觉得自己是有能力、有价值的。自信的人更容易表现出乐观的情绪，同时，自信也是保持情绪健康的必备品质。怎样保持自信呢？一是要善于发现自己的优点，不要过分关注自己无法改变的先天条件，如身高、出身等客观条件。二是要用发展的眼光来评价自己，看到自己各方面的进步。三是学会积极地悦纳自己，凡是自身的现实都应该积极接受，无论是好的，还是需要改进的。不回避、不厌恶自己，在自我悦纳的基础上，积极地发展和更新自我。四是注意自我激励。

（三）调控期望值

情绪是人们对自身需要满足与否的一种反应。在现实环境中，如果对他人、对自己或者对周围事物的期望太高，在难以满足需要时，会出现失望、不满等不良情绪。因此，要学会把期望值调整到适当的幅度，在一定范围内懂得知足。对人对事不苛求十全十美，对自己拥有的一切心怀感激之意，就可以减少烦恼，保持良好的心境。

（四）发展友谊

个体在良好的人际关系中获得的理解、尊重、同情等精神上的支持，可以减轻和消除心理应激带来的紧张、痛苦、焦虑、抑郁等不良情绪。良好的人际关系能够满足人的安全感和归属感，能使人情绪稳定、精神愉快。

（五）学会幽默

高尚的幽默是消除不良情绪的有效工具。当你遇到某些无关大局的不良刺激时，要避免使自己陷入被动的局面，最好的办法就是以超然洒脱的态度来应对。幽默的话语可以使你摆脱窘迫，缓解不安的情绪。

（六）适当娱乐

娱乐也是调节情绪、愉悦身心的好方法，娱乐内容要丰富健康。可积极参加各种娱乐活动，如登山、跑步、练书法、唱歌等。

第四节　压力应对

压力是一种感受，一种心理反应。所谓心理压力，是指人们由于一些已经发生或即将发生的，存在或虚幻的事件而产生的精神困扰，并且这些困扰使得人的精神思想和行为语言受到了一定影响的一种情绪情感体验。从心理学上，压力是由于事物和责任超出个人应对的能力范围，从生理学上，是身体的疲惫和受折磨程度，当某种情境所需的能量多于可用的能量时就会产生。

压力是一把双刃剑，如果把握得好就会成为你成功的动力，激励人生的进步，正所谓有压力才有动力，但是那些对未来的忧虑、对不同的情境下产生的心理压力等，常常有着潜在的后果，会让人产生抑郁、焦虑、痛苦、悲观的感觉。其次，压力大容易使人与他人的矛盾冲突增多，影响工作绩效，变得健忘、倦怠、效率降低。再者，心理压力过大的人会变得冷漠而轻率，他们仍然能够处理小问题和日常活动，但不能面对他们担忧的重大问题，无法做出正常决策，进而易做出不负责任的草率行为。心理压力过大导致身心疾病的案例屡见不鲜。研究发现，包括心脏病、糖尿病、癌症在内的十大疾病都与心理压力有关。

一、缓解压力的方法

（一）学会丢包袱

生活中繁杂的事务会将我们宝贵的时间和精力分解，使我们没有充足的时间和精力去执行最重要的事情。这时，你会感觉到很大的压力。有效的办法是先分析一下什么对你是最重要的，哪些事情是次要的，重要的事情先做，次要的少做或不做，这样就可以为自己赢得宝贵的时间。

（二）善待自己，放低标准

不要对自己太苛刻了，至善至美只是一个遥远的梦，追求完美是一个痛苦的过程，不要妄想把所有的事情都干得完美无缺。适当放低一下标准，放松一下自己的心情，或许在客观上也减轻了别人的压力。

（三）远离虚荣

在生活中，许多压力是完全由于自己的虚荣心导致的。为了名牌时装或化妆品，不得不拼命地赚钱，无端地增加了自己的压力。金钱、名誉、地位这些如同过眼云烟，却常常被人视为最重要的东西。要学会真正地享受生活，摆脱虚荣。

（四）留点思考时间

压力的产生也可能是因为对事情本身的错误理解造成的。过分夸大了事情的重要性和后果，导致心理负担加重。不少人往往因为急于求成，而忘记了对事情本身的思考。留一点儿时间思考能让你更清楚地看到事情本来的面目，同时也给了自己一个解剖情绪、分解压力的机会。

（五）劳逸结合

过重的劳动会使人生理疲劳、效率低下，从而导致过分的焦急与紧张。适当的休息不仅会缓解大脑疲劳，而且可以放松紧张的心情，减轻心中的压力。特别是上班族，周末应好好休息一下，毕竟工作不是生活的全部。

（六）运用言语和想象放松

通过想象训练思维，如“蓝天白云下，我坐在平坦的、绿茵茵的草地上”，“我舒适地泡在浴缸里，听着优美的轻音乐”。在短时间内放松、休息，恢复精力，让自己得到精神小憩，你会觉得安详、宁静与平和。

（七）分解法

请你把生活中的压力罗列出来，一、二、三、四……你一旦写出来，就会惊人地发现，只要你“各个击破”，这些所谓的压力便可以逐渐被化解。在自己各项承受条件的基础上，制订翔实而又具有操作性的目标、计划。要有长远目标，但重要的是短期目标。在执行计划的过程中和之前的自己做比较，学会超越自己，一天进步一点点。

（八）一读解千愁

在书的世界遨游时，一切忧愁悲伤便付诸脑后、烟消云散。读书可以使一个人在潜移默化中变得心胸开阔、气量豁达、不惧压力。

（九）运动减压

法国出现了一种新兴的行业：运动消气中心。中心均有专业教练指导，教人们如何大喊大叫、拧毛巾、打枕头、捶沙发等，做一种运动量颇大的“减压消气操”。在这些运动中心，上下左右皆铺满了海绵，任人摸爬滚打，纵横驰骋。

（十）多与老师、同学交流

远离家人来到大学，身边的老师、同学就成了大学生日常生活中经常接触、也最值得信任的亲人，多与朋友谈心，交流工作和学习观点、经验，请教有利且简便的方法处理问题。遇到不如意、不称心时，不妨说出来，与他们积极地沟通，听取他们的意见和建议，不仅是对自己烦恼的一种合理宣泄，更是一种积极寻找解决方法的途径。

知识窗

哲理小故事

有个朋友在公司里的人缘很好，他性情很好、待人和善，几乎没人看他生气过。

有一次我经过他家，顺道去看看他，却发现他正在顶楼上对着天上飞过来的飞机吼叫，我好奇地问他原因。

他说：“我住的地方靠近机场，每当飞机起落时都会听到巨大的噪声。后来，当我心情不好或是受了委屈、遇到挫折，想要发脾气时，我就会跑上顶楼，等待飞机飞过，然后对着飞机放声大吼。等飞机飞走了，我的不快、怨气也被飞机一并带走了！”

回家的路上，我不禁想着，怪不得他脾气这么好，原来他知道如何适时宣泄自己的情绪。

一味地压抑心中不快，并不能解决问题。

在生活步调紧凑繁忙的现今社会中，人人都应学习如何疏解自己的精神压力，如此才能活出健康豁达的人生！

一些压力是必需的，就像船一样，必须有些东西去压它，才能航行。

心理自测

焦虑自评量表分析系统

【测试简介】

“焦虑自评量表分析系统”是根据华裔教授Zung于1971年编制的“焦虑自评量表”(Self—Rating Anxiety Scale，简称SAS)改编而成。该系统集心理学、精神病学、多元统计学、人工智能、计算机网络技术于一体，准确、迅速地反映伴有焦虑倾向的被试的主观感受，为临床心理咨询、诊断、治疗以及病理心理机制的研究提供科学依据。本测验应用范围颇广，适用于各种职业、文化阶层及年龄段的正常人或各类精神病人。包括青少年病人、老年病人和神经症病人。

【要求】

1. 独立的、不受任何人影响的自我评定。
2. 评定的时间范围，应强调是“现在或过去一周”。
3. 每次评定一般可在十分钟内完成。

【填表注意事项】

下面有二十道测试题，请仔细阅读每一题，把意思弄明白，然后根据你最近一星期的实际情况选择适当的选项，其中：

A表示没有或很少时间；

B表示小部分时间；

C表示相当多时间；

D表示绝大部分或全部时间。

1. 我觉得比平时容易紧张或着急。 (A) (B) (C) (D)
2. 我无缘无故地感到害怕。 (A) (B) (C) (D)
3. 我容易心里烦乱或感到惊恐。 (A) (B) (C) (D)
4. 我觉得我可能要发疯。 (A) (B) (C) (D)
5. 我觉得一切都很好。 (A) (B) (C) (D)
6. 我手脚发抖打战。 (A) (B) (C) (D)
7. 我因为头疼、颈痛和背痛而苦恼。 (A) (B) (C) (D)
8. 我觉得容易衰弱和疲乏。 (A) (B) (C) (D)
9. 我觉得心平气和，并且容易安静坐着。 (A) (B) (C) (D)
10. 我觉得心跳得很快。 (A) (B) (C) (D)
11. 我因为一阵阵头晕而苦恼。 (A) (B) (C) (D)
12. 我有时会晕倒，或觉得要晕倒似的。 (A) (B) (C) (D)
13. 我吸气呼气都感到很容易。 (A) (B) (C) (D)
14. 我的手脚麻木和刺痛。 (A) (B) (C) (D)
15. 我因为胃痛和消化不良而苦恼。 (A) (B) (C) (D)
16. 我常常要小便。 (A) (B) (C) (D)
17. 我的手脚常常是干燥温暖的。 (A) (B) (C) (D)
18. 我脸红发热。 (A) (B) (C) (D)
19. 我容易入睡并且一夜睡得很好。 (A) (B) (C) (D)
20. 我做噩梦。 (A) (B) (C) (D)

(注意：分析结果请咨询专业人员。如临床心理医生、心理咨询师)

思考题

1. 人为什么会有“七情六欲”？

2. 简述大学生的情绪特点。

3. 大学生应如何应对、调节挫折和压力?

4. 如何管理愤怒的情绪?

第七章　我的未来不是梦

命运是一件很不可思议的大学。虽人各有志，往往在实现理想时会遭遇到许多困难，反而会使自己走向与志趣相反的路，而一举成功。我想我就是这样。

——松下幸之助

课前导读

职业兴趣岛选择

如果有机会让你到以下六个岛屿旅游，不用考虑费用等问题，你最想去的是哪个？可以按照喜欢程度选出三个。

A 岛：美丽浪漫的岛屿。岛上有很多美术馆、音乐厅，弥漫着浓厚的艺术文化气息。同时，原住民还保留了传统的舞蹈、音乐与绘画，许多文艺界的朋友都喜欢来这里找寻灵感。

B 岛：深思冥想的岛屿。岛上人迹较少，建筑物多僻处一隅，平畴绿野，适合夜观星象。岛上有多处天文馆、科博馆和科学图书馆等。岛上居民喜好沉思、追求真知，喜欢和来自各地的哲学家、科学家、心理学家等交换心得。

C岛：现代、井然的岛屿。岛上建筑十分现代化，是进步的都市形态，以完善的户政管理、地政管理、金融管理见长。岛民个性冷静保守，处事有条不紊，善于组织规划。

D岛：自然原始的岛屿。岛上保留有热带的原始植物，自然生态保持得很好，也有相当规模的动物园、植物园、水族馆。岛上居民以手工见长，自己种植花果蔬菜、修缮房屋、打造器物、制作工具。

E岛：温暖友善的岛屿。岛上居民个性温和、十分友善、乐于助人，社区均自成一个密切互动的服务网络，人们多互助合作，重视教育，弦歌不辍，充满人文气息。

F岛：显赫富庶的岛屿。岛上的居民热情豪爽，善于经营企业和贸易。岛上的经济高度发达，处处是高级饭店、俱乐部、高尔夫球场。来往者多是企业家、经理人、政治家、律师等，衣香鬓影，夜夜笙歌。

结果说明：六个岛屿代表着六种典型的职业生涯兴趣类型。

A岛：艺术型(Artistic)

总体特征：属于理想主义者，具有独创的思维方式和丰富的想象力，直觉强烈，感情丰富。喜欢创造和自我表达类型的活动，如音乐、美术、写作、戏剧。喜欢音乐家、作曲家、乐队指挥家、美术家、漫画家、作家、诗人、舞蹈家、演员、戏剧导演、广告设计师、室内装潢设计师等职业。

B岛：常规型(Conventional)

总体特征：追求秩序感，自我抑制，顺从，防卫心理强，追求实际，回避创造性活动。喜欢固定的、有秩序的活动，如组织和处理数据等。愿意在一个大的机构中处于从属地位，并希望确切知道工作的要求和标准。喜欢税务专家、会计师、银行出纳、簿记、行政助理、秘书、档案文书、计算机操作员等职业。

C岛：企业型(Enterprising)

总体特征：为人乐观，喜欢冒险，行事冲动，对自己充满自信，精力旺盛，喜好发表意见和见解。喜欢领导和影响别人，或为达到个人或组织的目的而说服别人，成就一番事业。喜欢商业管理者、市场或销售经理、营销人员、采购员、投资商、电视制片人、保险代理、政治运动领袖、公关人员、律师等职业。

D岛：研究型(Investigative)

总体特征：自主独立，好奇心强烈，敏感并且慎重，重视分析与内省，爱好抽象推理等智力活动。喜欢独立的活动，如独自去探索、研究、理解、思考那些需要严谨分析的抽象问题，独自处理一些信息、观点及理论。喜欢实验室工作人员、物理学家、化学家、生物学家、工程师、程序设计员、社会学家等职业。

E岛：实用型(Realistic)

总体特征：个性平和稳重，看重物质，追求实际效果，喜欢实际动手进行操作实践。愿意从事事务性活动，如户外劳作或操作机器，而不喜欢待在办公室里。喜欢农业、林业、渔业、野外生活管理业、制造业、机械业、技术贸易业、特种工程师、军事工作等户外职业。

F岛：社会型(Social)

总体特征：洞察力强，乐于助人，善于合作，重视友谊，热情关心他人的幸福，有强烈的社会责任感，总是关心自己的工作能对他人及社会做多大贡献。喜欢与别人合作的活动，帮助别人解决困难。喜欢牧师、心理咨询师、社会工作者、教师、辅导员、医护人员、其他各种服务性行业人员等职业。

第一节　大学生职业规划

职业生涯是人生的重要组成部分，而且职业生涯的状况直接影响着我们人生的质量，所以，职业生涯的成功与失败不单纯是职业生活的成功与否，而是人生成功与否的重要参照系，如此也就决定了每一位大学生必须对自己的职业生涯进行提早准备和规划。根据中国职业规划师协会的定义，职业规划是对职业生涯乃至人生进行持续的系统的计划的过程，它包括职业定位、目标设定和通道设计三个要素。职业规划（career planning）也叫“职业生涯规划”。职业生涯规划的好坏必将影响整个生命历程。

一、职业生涯规划过程及意义

职业生涯是一个人一生连续从事职业，担任职务、职位的过程，是一个人终生经历的所有职业发展阶段，即职业、职位的变动以及工作理想实现的整个过程。职业生涯不仅仅是职业活动，而且包括与职业有关的行为和态度等内容。一般来说，职业生涯开始于学习和培训，终止于退休。职业生涯是人一生中最重要的历程，是追求自我实现的重要人生阶段，对人生价值起着决定性的作用。

职业生涯规划包括确立事业目标、选择何种职业、在什么地区和单位从业、担任什么职务，如何在一个职业领域中得到发展，打算取得什么样的成就等问题。

职业规划是个人职业历程的首要环节，合理设计自己的职业生涯，是实现事业目标、走向成功的第一步。

（一）职业生涯规划的过程

1. 确立目标阶段

处于择业期的大学生应该确定择业的目标。首先，择业者必须将社会的客观需要与正确的主观择业意向结合起来。这是因为，只有社会的客观需要才能为个人提供广阔的活动场所，让个人有用武之地，从而为社会创造财富。与此同时，个人的择业意向还必须建立在正确的思想上。其次，应建立健康的职业情感。

正确的择业观主要包含两方面的内容：第一，正确处理好个人利益与社会整体利益的关系。在个人利益服从国家、集体利益的同时，不断完善自身。第二，确立正确的职业荣誉观和职业幸福观。

2. 职业准备阶段

由于个人的情况不同，职业准备的内容和时间的长短也就不一样。

3. 职业选择阶段

这个阶段的特点不再是自我准备，而是步入社会职业市场，进行实实在在的职业选择。

（二）职业生涯规划的意义

1. 职业生涯规划有助于确立个人发展目标。通过分析了解自身能力、才华和性格特点，找出自己的特长，确立自己的个人发展目标，并制订一系列行动计划，充分发挥自己的潜能，最终实现目标。

2. 职业生涯规划能够激励自己努力工作。随着时间的推移，你的计划将一步一步地实现，这时你的思维方式和工作方法将逐步改变。但最重要的是你必须有具体并且可实现的目标。

3. 职业生涯规划能助你把握关键。做好职业生涯规划能帮助你更好地安排日常工作的优先级顺序。通过职业生涯规划将使我们能够把握关键，提高成功的概率。

4. 职业生涯规划有利于挖掘个人潜力。职业生涯规划可以帮助你集中注意力，专注于自己有优势且能得到高回报的领域，这有助于你发挥更大的潜力，最终达到目标。

5. 职业生涯规划能助你了解当前的努力。职业生涯规划为你提供了一个自我评估的重要功能，你可以根据规划的进展情况评价你当前取得的成果。

二、职业规划遵循的原则

职业规划就是对职业生涯乃至人生进行持续的系统的计划的过程。职业生涯规划的过程是个体探索自我、科学决策、统筹规划的过程，为了保证职业生涯规划的实用性和科学性，应该遵循以下四个原则。

（一）量体裁衣原则

这是做好职业生涯规划始终遵循的原则，也是最重要的原则。人与人之间的实际条件有很大差异，他们的发展潜力无疑也会有很大不同，因此，职业生涯规划是一项完全个性化的任务，没有统一的定式，需要结合个体的具体特点进行设计。

职业生涯规划前，不仅要对个体的内在素质，比如知识结构、能力倾向、性格特征、职业喜好等进行全面的测评，而且要对个体外部的职业环境和职业发展的资源等进行系统的评估。既考虑个体的职业发展动机，又考察其成功的可能性，从而为个体设定相应的职业发展目标和具体的发展规划。

（二）可操作性原则

每个人都有目标和计划，但并非每个人都可以实现自己的目标，完成自己的计划，甚至有人根本不知道自己是否完成了计划。这就需要考虑，目标和计划的可操作性。职业生涯规划是为个体设定达成理想目标的步骤，因此，这些内容本身应该是具体明确的，而不能是空洞的口号。

职业生涯的可操作性主要包括目标的现实性、计划的可行性和效果的可检查性三个方面。所谓目标的现实性，是指个体目标的设定应该建立在个体现实条件的基础上，是对个体现实资源的真实评估和科学预期，是可以达到的目标，不能好高骛远。所谓计划的可行性，是指为个体制订的计划是非常具体的，是依据他们现有能力可以完成的行动计划。所谓效果的可检查性，就是说目标的实现和计划的执行情况以客观事物为标准，是可以度量和检查的。

（三）阶段性原则

对职业生涯发展来说，人在不同阶段承担着不同的发展任务，需要解决相应的发展问题。因此，职业生涯规划也应该结合个体的年龄特征，确定具体的发展方向，制订阶段性的发展目标。在现实与最终目标之间设定一个个阶段性目标，就像从山脚到山顶的一级级台阶，每迈一步都能够感到自己在朝终极目标前进，奋斗的过程就变得不那么缥缈，而是更具体、真实。

当然，在个体自身条件或外界环境发生改变时，设定的理想目标和阶段性目标都需要完善与修正，因此，这就要求所规划的目标存在可调整的空间，届时可以根据实际情况进行调整。即使是最终目标，也需要结合不同阶段性目标的完成情况适时修正。

（四）发展性原则

发展性原则是指为个体设计职业生涯规划时，不仅仅局限于个体当前的发展，而且要考虑到个体未来的职业发展空间，职业生涯规划要有超前性和预测性。因此，职业生涯规划应该基于影响职业发展的核心因素和本质因素，而不是停留在表面。职业生涯规划要评量更核心和本质的因素，从个体长期发展的角度设计职业生涯规划。

如果一个人做自己最喜欢的同时也是自己最擅长的事情，而且觉得这件事最有价值，那么做成的概率会很大；如果这件事情还有发展前景，那么就可以获得更长久的成功。

第二节　职业生涯规划的制订

职业生涯规划能够帮助大学生成才，确立目标，是职业生涯规划的重要内容。在职业生涯中，应有目标，这样才不会盲目；应有追求，这样才会有动力。只有通过对你的职业生涯进行规划，才会使你有一个新起点，有一个新的发展，有一个新的未来，才能站立在你以前的基础上追寻更大的成功。

一、制订职业生涯规划的步骤

（一）自我职业性格分析

首先要全面了解自己。一个有效的职业生涯设计必须是在充分且正确认识自身条件与相关环境的基础上进行的。要正确客观地审视自己、认识自己、了解自己，做好自我评估，包括自己的兴趣、特长、性格、学识、技能、智商、情商、思维方式等，即要弄清我想干什么、我能干什么、我应该干什么、在众多的职业面前我会选择什么等问题。

（二）确定职业目标

确定目标是制订职业生涯规划的关键，目标通常会有短期目标、中期目标、长期目标和人生目标之分。长期目标需要个人经过长期艰苦努力、不懈奋斗才有可能实现,确立长远目标时要立足现实、慎重选择、全面考虑,使之既有现实性又有前瞻性。短期目标更具体,对人的影响也更直接,也是长期目标的组成部分。在确立目标时应充分说明各目标的内容,这样才能详细地展现职业规划。

（三）环境评价

职业生涯规划还要充分认识与了解相关的环境,评估环境因素对自己职业生涯发展的影响,分析环境条件的特点、发展变化情况,把握环境因素的优势与限制。了解本专业、本行业的地位、形势以及发展趋势。

（四）职业定位

职业定位就是要为职业目标与自己的潜能以及主客观条件谋求最佳匹配。良好的职业定位是以自己的最佳才能、最优性格、最大兴趣、最有利的环境等信息为依据的。职业定位过程中要考虑性格与职业的匹配、兴趣与职业的匹配、特长与职业的匹配、专业与职业的匹配等。

（五）实施策略

制订实现职业生涯目标的行动方案,要有具体的行为措施来保证。没有行动,职业目标只能是一种梦想。要制订周详的行动方案,更要注意去落实这一行动方案。

（六）评估与反馈

整个职业生涯规划要在实施中去检验,看效果如何,及时诊断生涯规划各个环节出现的问题,找出相应对策,对规划进行调整与完善。

二、制订职业生涯规划的常用技术

（一）SWOT 分析法

20 世纪 80 年代初,美国旧金山大学的管理学教授韦里克提出了 SWOT 分析法,通过该方法,评估者可以知道自己的优势和弱势,从而仔细评估自己感兴趣的不同职业道路的机会和威胁,并且可以将这几种因素相互匹配起来进行全面系统准确的研究，最后制订生涯规划。SWOT 的基本含义：S 代表 strength（优势）、W 代表 weakness（弱势）、O 代表 opportunity（机会）、T 代表 threat（威胁）。

SWOT 分析的基本步骤：

1. 评估自己的长处和短处。

2. 找出你的职业机会和威胁。

3. 列出今后 3～5 年你的职业目标：包括大学毕业后想从事哪一种职业，技术水平或管理水平，薪水及升职空间。

4. 列出今后 3～5 年的职业行动计划。如果需要外界帮助，则说明需要何种帮助以及如何获取这种帮助。

5. 向老师、父母、职业咨询师等寻求专业帮助。

下面是某心理学专业研究生的 SWOT 分析实例。

某心理学专业研究生的 SWOT 分析

	机会（Opportunity）	威胁（Threat）
外部环境分析（O、T）	（1）人力资源管理部门逐渐受到企业的重视； （2）入世后，外资企业的进入导致人力资源管理人才需求量的增加； （3）心理学在人力资源管理中的重要性逐渐凸显出来	（1）人力资源管理方向的毕业生多，竞争压力大； （2）MBA 的兴起； （3）人力资源管理在很多企业中仍然处于起步阶段，其运作很不规范； （4）比起学历，我国许多企业更看重工作经验
内部环境分析（S、W）		
优势： （1）硕士学历，成绩优秀； （2）丰富的学生干部管理经历； （3）大型公司半年实习的经历； （4）具有心理学的知识背景	**优势机会策略（S、O）** （1）继续学习心理学知识，将心理学知识运用到人力资源管理中； （2）发挥担任学生干部的管理特长	**优势威胁策略（S、T）** （1）强调自身心理学背景的优势； （2）强调大型公司半年的实习经验； （3）强调较强的学习能力和适应能力

续　表

	劣势机会策略(W、O)	劣势威胁策略(W、T)
劣势： (1) 师范院校毕业； (2) 没有丰富的工作经历； (3) 专业不对口； (4) 性格急躁,容易冲动	(1) 利用较强的学习能力,自学人力资源管理课程,加强英语的学习； (2) 继续加强自己在师范院校中所培养的口语交流、文字书写等优势	(1) 克制自己的冲动个性； (2) 结合两个不同的专业,培养开阔的视野和创新能力； (3) 积极寻找重视员工潜能的企业
分析后之整体结论：职业发展道路定位在大中型的外资企业人力资源管理部门		

(二)"5W"归零思考法

该方法适用于即将毕业的大学生。

"5W"归零思考法共涉及 5 个问题：

(1) 我是谁?(Who am I?)

(2) 我想干什么?(What do I want?)

(3) 我能干什么?(What can I do?)

(4) 环境允许我干什么?(What can support me?)

(5) 最终的职业目标是什么?(Who can I be in the end?)

五个问题中,前四个尤其重要。因为回答了前四个问题,就会从各个问题中找到实现职业目标的有利和不利条件。从而引出不利条件最少的,自己想做而又能够做到的职业目标,那么第五个问题也就有了清楚的答案。你如果回答了这五个问题,找到它的共同点,就可以得出自己的职业生涯规划。

下面是一个计算机专业女生选择工作的实例。

小美,女,计算机专业,虽然计算机专业属于热门专业,但考虑到女生的就业竞争力不如男生,同时比较喜欢教师这一职业。因此,对自己的职业取向难以选择。在这种情况下,进行了一次有关职业规划方面的讨论,并通过"五W"归零思考法对其职业前途规划继而确定其就业方向。

(1) Who am I? 某重点高校计算机专业毕业生,身体健康,性格居于内向与外向之间；学业成绩优秀，英语水平为国家六级，辅修过心理学、管理学；长期担任学生干部；参加过高校演讲比赛，取得过名次；家庭状况一般，父母工作稳定，身体健康，暂时还不需要有人特别照顾。

(2) What do I want? 比较喜欢教师这一职业；其次可以成为公司的一名技术人员；如果出国读管理方面的硕士，回国成为一名企业管理人员也是可以接受的。

(3) What can I do? 做过家教，虽然不是自己的专业，但与孩子交流有天生的优势，学生的成绩进步时很有成就感；当过学生干部，与其他人相处得比较好，组织过几次有影响的大型活动；实习时在公司做过一些开发，虽然没有大的成就，但得到了领导的认可。

(4) What can support me? 家里亲戚推荐去一家公司做技术开发；GRE 分数较好，已经申请了国外几所高校，但能不能有奖学金还很难说，况且现在签证比较困难；去年曾有几家学校来系里招聘，但不是当老师，而是去学校做技术维护，今年不知会不会有学校来招聘教师；有同学开了一家公司，希望自己能够加盟，但自己不了解这个公司的具体业务，也不知道有多大的发展前景。

(5) What can I be in the end? 最后的选择可能有四种，分别如下。

第一种选择：进入学校当老师，自己有这方面的兴趣和理想，在知识和能力方面并不欠缺，在素质教育大趋势下，与师范专业相比，自己有专业方面的优势，可以让学生了解更多的前沿知识，特别是现在计算机在中学生中有了相当的普及和基础，并且自己有信心成为学生心目中的好老师；不足的就是缺乏作为一名老师的基本训练以及一些技巧，但这可以逐步提高。

第二种选择：到公司做计算机技术员，收入会高一些，但通过这几年的发展来看，计算机行业起伏较大，同时由于技术发展较快，得随时对自己进行知识更新，压力较大，信心不足，兴趣也不是很大。

第三种选择：去同学开办的公司从最底层做起，风险较大，而且与自己的心理性格不符，家庭也会有阻力。

第四种选择：如愿获得奖学金出国读书，回国后做一名企业管理人员，但不确定因素较多，且自己可把握性较小，自己始终处于被动状态。

分析：单纯从职业发展上看，这四种选择都有其合理性。但如果从个体而言，第一种选择更符合她本人的职业取向。(1) 从心理学角度看，教师是她最想从事的职业；(2) 从职业前途看，教师受人尊重，社会地位呈上升趋势；(3) 稳定性强，比较适合女性的性格和生理条件。但不要太死板，可以同时选择第四种，前提是能申请到自己喜欢的学校和专业。

在一个人有限的生命中，职业生涯往往占据着非常重要的位置。据调查统计，大部分人平均职业生涯用的时间占可利用社会活动时间的 71%～92%，因此，职业生涯对于每个人来说非常重要。如何选择和规划自己的职业生涯，往往受到学识、爱好、机遇、工作环境等主客观条件制约，只有根据现行的工作需要改变原来的职业目标和兴趣，调整心态，培养对所从事职业的敬业精神，在实践中产生对事业的热爱，才能集中精力全身心地投入工作，从而实现个人价值。

知 识 窗

摩拜单车创始人胡玮炜的创业故事

胡玮炜，1982 年出生于浙江东阳。2004 年，胡玮炜从浙江大学城市学院新闻系毕业后进入《每日经济新闻》经济部成为一名汽车记者，后来又去了《新京报》《商业价值》和《极客公园》做科技报道。

2013 年年初的时候，胡玮炜还在做记者，在拉斯维加斯的一个消费类电子展上看到了很多汽车公司的参展商品。他当时就有一种非常强烈的感觉，那就是未来汽车可能会发生很大的变化。

那次他受到了非常大的冲击，回来以后就跟当时的老板说，未来出行行业肯定会发生巨大的变化，他希望能够开辟一个关于汽车和科技的小栏目，由他来负责这个栏目。

最后他没有说服老板，大约1年后，他就出来自己开了一家公司，叫极客汽车。

在这个过程当中，大家也在讨论未来的出行方式应该是什么样的。他更多讨论的是，在未来，个人交通工具会发生很大的变化——个人交通工具会回归，如自行车、电动车。

2014年，胡玮炜回到杭州虎跑，想要骑行，希望能租一辆公共单车，但办卡小岗亭关门，最后这次希望中的骑行没有成功，而且在瑞典哥德堡也遭遇了租赁公共单车失败的经历，于是胡玮炜从汽车朋友圈里组建了一支团队，成立摩拜单车项目组。

2015年1月，他创办北京摩拜科技有限公司。摩拜单车最初的办公地点位于北京海淀区的768文创园，不久搬到了朝阳区麦子店街的一处写字楼，并拥有了自己的自行车制造工厂。胡玮炜创办摩拜是希望通过技术创新结合新型商业模式，寻找解决城市出行“最后一公里”难题的有效途径。

摩拜单车的出现，努力实现着让自行车回归城市，用骑行去改变城市这一目标。

2016年4月22日，摩拜单车正式上线，并在上海投入运营，9月1日正式进入北京。根据移动应用分析平台App Annie的追踪调查，截至2016年11月，摩拜单车的月活跃用户已达512万人。另一家知名调研机构艾瑞咨询的数据显示，2016年12月第一周，摩拜单车的周活跃用户达440万人，一周总有效使用时间为51.7万分钟。

2017年1月13日，胡玮炜和另外6名不同专业、领域的专家、企业家受邀参加总理主持的座谈会。2017年3月11日，他参与了文化情感类节目《朗读者》的录制。

2017年5月4日，胡玮炜被评为“全国创新创业好青年”；2017年5月26日，他获得中国电子商务创新发展峰会颁发的“年度新锐人物”奖。

思考题

1. 职业对你来说意味着什么?

2. 试析生涯规划从"找到一个工作"范畴考虑与从"人生幸福与发展"范畴考虑的差异。

3. 你觉得什么样的职业是有意义的?

第八章　珍爱生命与幸福追寻

世界上只有一种英雄主义，那就是了解生命而且热爱生命的人。

——罗曼·罗兰

课前导读

拯救小鱼

在暴风雨后的一个早晨，一个男人来到海边散步。他一边沿海边走着，一边注意到，在沙滩的浅水洼里，有许多被昨夜的暴风雨卷上岸来的小鱼，它们被困在浅水洼里，回不了大海了。被困的小鱼，也许有几百条，甚至几千条。用不了多久，浅水洼里的水就会被沙粒吸干，被太阳蒸干，这些小鱼都会干死的。男人继续朝前走着，他忽然看见前面有一个小男孩，走得很慢，而且不停地在每一个水洼旁弯下腰，捡起水洼里的小鱼，并且用力把它们扔回大海。这个男人停下来，注视着这个小男孩，看他拯救着小鱼们的生命。终于，这个男人忍不住走过去："孩子，这水洼里有几百几千条小鱼，你救不过来的。”

“我知道。”小男孩头也不抬地回答。

“哦？你为什么还在扔？谁在乎呢？”

“这条小鱼在乎！”男孩儿一边回答，一边拾起一条鱼扔进大海。“这条在乎，这条也在乎！还有这一条、这一条、这一条……”

第一节 生命并无简史

一、认识生命

生命是什么？生命可以是路边的小草，也可以是山间的野花，生命包括新陈代谢、生长、发育遗传、变异、运动等。生长和发育是生命的基本过程，而新陈代谢则是生命的最基本的过程，是其他一切生命现象的基础。

人的生命由三个因素构成，即生理（自然属性）、心理（社会属性）和灵性（精神属性）。生命的自然属性即自然生命，决定着人的生命长度，即寿命的长短；生命的社会属性即社会生命，决定着人的生命宽度，它是以文化为内核和根基，从零开始不断拓展的；生命的精神属性即精神生命，决定着人的生命高度，它并非纯粹指人在成功的顺境中所能达到的高度，也指人在失败的逆境中所处的低谷，因为生命的深刻体验和灵性的深层次激发，构成了富有意义的生命高度的一部分。生命长度、生命宽度和生命高度统一在一起，共同凝结成人的生命亮度。其实，人生就是一次快乐而艰巨的生命之旅，在这次生命的旅途中，有一马平川，也有崎岖不平。当生命旅途一帆风顺时，我们应该学会珍惜和仰望；当生命旅途颠簸不平时，我们应该学会敬畏和尊重。

存在主义大师罗洛·梅认为，生命是指一个人的自我追寻之路，这个过程是动态的、不断成长的、自我创造的。

二、生命的特性

1. 生命的有限性。

2. 生命的超越性。生命有超越自身的能力，生命的过程是不断更新自己和超越自己的过程。

3. 生命的珍贵性。生命的珍贵性源于他的不可替代性，具体表现为生命的产生需要苛刻的条件、复杂的过程，每一个生命的诞生都是珍贵的，而每一个生命的过程又是有限的。

4. 生命的独特性。

5. 生命具有双重性。在人的生命体中存在着两种生命，一是人作为肉体的生命存在，受自然规律的决定和制约，具有自然性，有生老病死。二是人作为精神的存在，受到道德规律的决定和支配。

三、生命的意义

生命的意义不在于长短，而在于内涵。许多人的生命虽然已结束，可他们为社会所做的贡献让后人受益无穷，他们的生命价值获得更长的延伸，他们虽死犹生。当人们在别人的身上看到自己的成就，在别人那里感觉到自己生命的存在价值时，这生命便有了意义。

生命意义是关于生命的积极思考，它主要包括两个方面：对生命意义的执着追求和对生命意义的深刻理解。一个人对生命意义的认识会随着年龄的增长、阅历的加深而逐渐丰富。一旦形成了对生命意义的认识，就会稳定下来，指导人在生命发展不同阶段实现人生价值。认识生命的意义对于一个人的人生发展有着重要的意义。

生命虽然美好，但却不是无限的，人从诞生的那一天起就开始走向死亡。死亡对于每个人来说都具有终极性和不可避免性，它既是人的生命的一部分，又是一个人的生命的终点，还是自我的消亡和个体失去对世界的感知与把握。生与死代表着生命过程的两极，只有真正认识死，才能深刻理解生。

卢梭说:“生命本身没有任何价值,它的价值在于怎样使用它。”人的生命本身就是一个不断成长、发展、生生不息的过程。生命就是运动,不间断地运动,一切静止就是死亡。但生命比单纯的持续运动更为丰富。生命乃是在此基础上不断产生新内容的创造性运动,生命的意义就在于创造,在于给原本没有价值的生命创造出一个价值来。人通过创造去把握生活的变化,通过创造去发现生命的意义,通过创造去实现对自己生命的认识、把握和超越。

对生命意义的探求使人在不同的人生阶段确立自己的生活目标,在实现目标的过程中活得充实、活得丰富、活得精彩。一个人只有能够理解并承担生活中的责任,肩负起责任,才会感到满足和充实,才能真正体会到生活的乐趣和意义。

第二节　大学生心理危机干预

一、危机干预

危机是一种认识,当事人认为某一事件或境遇是个人的资源和应对机制所无法解决的困难。除非及时缓解,否则危机会导致当事人情感、认知和行为方面的功能失调。

危机干预是指采取某些措施来干预或改善危机情景,以防止伤害处于危机情景中的个人及其周围的人们。危机干预是以急诊访问或劝导的形式,改善那些有心理危机的人可能导致心理障碍的各种条件,以避免发生意外事故。

心理危机是当个体面对重要生活目标受到阻碍,但又无法利用现有资源和通常习惯的应对机制加以处理时产生的一种心理状态。心理危机往往是突发的,出乎人们的意料,如果不能得到及时控制和缓解,就会导致人们在认知、情感、意志和行为上出现功能失调。

（一）危机干预的分类

社会生活中的危机干预包括离家出走、抑郁状态和冲动行为、妇女遭受暴力、吸毒、酗酒以及自伤、自杀等。

涉及精神医学临床的危机干预包括必须紧急处置的精神科急症，如精神紊乱、意识障碍导致的各种行为危机和急性药物中毒等。

（二）大学生心理危机

面临突然或重大生活事件，如亲人亡故、突发威胁生命的疾病、灾难等，个体既不能回避又无法用常用的方法来解决问题时所表现的心理失衡状态。某一事件是否会成为危机，有三个影响因素：

1. 个体对事件发生的意义以及事件对自己将来的影响的评价。

2. 个体是否拥有一个能够为自己提供帮助的社会支持系统。

3. 个体是否获得有效的应对机制，也就是个体能否从过去经验中获得解决问题的有效方法，如哭泣、愤怒、向他人倾诉等。由于个体在这三个方面可能存在着较大的差异，因此，相同的事件不一定对每个人都构成危机。

（三）大学生心理危机的种类

1. 发展性危机。发展性危机是个人在正常成长和发展过程中，对急剧的变化或转变所产生的异常反应，如升学危机、性心理危机等。这些危机是大学生生命中必要和重大的转折点，每一次发展性危机的成功解决都是大学生走向成熟和完善的阶梯。

2. 境遇性危机。境遇性危机是指突如其来、无法预料和难以控制的心理危机，如交通事故、人质事件、突然的绝症或死亡、被人强暴、自然灾害等。

3. 存在性危机。存在性危机是指人生中的一些重要事件出现问题，而导致的个人内心的冲突和焦虑，是伴随重要的人生目的、人生责任和未来发展等内部压力的冲突和焦虑的危机。

（四）心理危机的主要原因

1. 精神疾病是导致大学生心理危机的重要因素。

2. 人格成长中的挫折与早期经验不良。

3. 适应困难、交往障碍与自卑。

4. 学习、择业、就业压力带来的心理烦恼。

5. 情感与性问题带来的心理困扰。

6. 就业观念滞后，就业期望值过高。

7. 社会贫富差距越来越大。

（五）心理危机的特征

大学生处在走向成熟的过渡阶段，生理方面更多具备了成人的特征，但社会阅历和经验相对不足，处理问题的社会经验和能力更是有限，这种反差的存在，使得心理危机在他们身上十分容易得到表现乃至爆发。

1. 突发性。危机常常是出人意料、突如其来的，具有不可控制性。

2. 紧急性。危机的出现如同急性疾病的爆发一样具有紧急的特征，它需要人们紧急应对。

3. 痛苦性。危机在事前事后给人带来的体验都是痛苦的，而且还可能涉及人的尊严的丧失。

4. 无助性。危机的降临常常使人觉得无所适从，而且，危机使得人们未来的计划受到威胁和破坏。由于心理自助能力差、社会心理支持系统不完善，危机常常使个体感到无助

5. 危险性。危机之中隐含着危险，这种危险可能影响到人们的正常生活与交往，严重的还可能危及自己和他人的生命。

二、大学生危机干预步骤

心理危机干预就是对处于心理危机状态者采取明确有效的措施，使症状得到缓解，使心理功能恢复到危机前的水平，并获得新的应对技能，以预防将来心理危机的发生。危机干预的主要目标是降低急性、剧烈的心理危机和创伤的风险，稳定和减少危机或创伤情境的直接严重后果，促进个体从危机和创伤事件中恢复或康复，帮助的及时性、迅速性是其突出特点，有效

的行动是危机干预成败的关键。

在大学校园内，当发现学生面临心理危机时，可使用心理学家总结的“六步干预法”进行危机干预。

(1) 确定问题。危机干预的第一步是从求助者的立场出发，确定和理解求助者的问题。干预人员使用积极的倾听技术——同感、理解、真诚、接纳以及尊重，包括使用开放式问题。既注意求助者的语言信息，也注意其非语言信息。

(2) 保证求助者安全。在危机干预过程中，干预人员应该将保证当事人安全作为首要目标。这里的安全是指尽量降低对自我和对他人的生理和心理的危险性。在干预人员的检查评估、倾听和制订行动策略的过程中，安全问题都必须给予同等的、足够的关注。

(3) 给予支持和帮助。危机干预强调与当事人沟通和交流，通过语言、语调和躯体语言让求助者认识到危机干预人员是能够给予其关心帮助的人，让求助者相信“这里有确实很关心你的人”。

(4) 提出应对的方式。帮助当事人探索可以利用的替代解决方法，促使当事人积极地搜索可以获得的环境支持、可资利用的应付方式，启发其改变思维方式。当事人知道有哪些人现在或过去能关心自己，有许多可变通的应对方式可供选择。

(5) 制订行动计划。帮助当事人制订短期计划，包括另外的资源，提供应付方式，确定当事人愿意采取的行动步骤。计划应该根据当事人应付能力，着重于切实可行和系统地帮助当事人解决问题。计划的制订应该与当事人合作，让其感到这是他自己的计划。制订计划的关键在于让求助者感受到他们的权利、独立和自尊没有被剥夺。

(6) 得到当事人的承诺。帮助当事人向自己承诺的那样采取确定的、积极的行动步骤，这些行动步骤必须是当事人自己可以从现实的角度完成的。如果计划制订得较好，则比较容易得到承诺。在结束危机干预前，危机干预工作者应该从求助者那里得到诚实、直接和适当的承诺。

(7) 除以上六步之外，还应该启动社会支持系统。社会支持系统主要包括来自父母及其他亲人、老师和同学，以及其他方面，如朋友和社区志愿者的支持等。这种支持不仅包括心理和情感的支持，也包括一些实质的救助行动。有调查表明，大学生从他人那里获得的社会支持具有可靠同盟、价值增进、陪伴支持、情感支持、亲密感和满意度等调节功能，这些功能对处于危机中的大学生具有重要作用。

第三节　追求幸福生活

一、幸福概念

幸福是什么？从古到今一直争论不休。穆勒、霍布斯等认为，幸福就是快乐的主观心理体验，即主观主义幸福论。亚里士多德、柏拉图等则认为，幸福是客观的，即客观主义幸福论。

虽然主观主义幸福论认为幸福就是快乐的主观心理体验。然而，快乐与幸福并非一个东西，快乐并不都是幸福。一个人某天吃了一顿美味佳肴，可以说他很快乐，但不能说他很幸福。所以，主观论把幸福定义为快乐是犯了定义过宽的错误。

反之，在客观主义幸福论看来，幸福则是客观的，不依自己的主观感觉如何而转移的自我完善、自我实现、自我成就，是自我潜能的完满实现。但这定义也是有问题的。假设有这样一个人，他不求自我成就而只求安全美食。结果，他虽碌碌无为却一生富裕。按照客观论，这个人是没有幸福的。然而实际上，这个人所没有的仅仅是自我实现的幸福，却拥有物质幸福。自我实现仅仅是幸福的一种而绝非幸福的全部。所以，客观主义幸福论把幸福界定为自我实现便犯了定义过窄的错误。

那么幸福究竟是什么？幸福究竟是一种怎样的心理体验和心理反应？

幸福与不幸确实是一种特殊的快乐与痛苦的心理体验、心理反应。幸福是对一生具有重大意义的需要、欲望、目的得以实现的心理体验、心理反应，是对一生具有重大意义的快乐；反之，痛苦是需要、欲望、目的得不到实现的心理体验、心理反应；不幸则是对一生具有重大意义的需要、欲望、目的得不到实现的心理体验、心理反应，是对一生具有重大意义的痛苦。

可见，幸福与快乐、不幸与痛苦之区别，在于它们是否具有对当事者一生的重要性。这种重要性，具体讲来，一方面表现为长短，幸福是持续的、恒久的快乐；另一方面则表现为大小，幸福是巨大的快乐。总而言之，幸福是重大的快乐，是长久或巨大的快乐；不幸是重大的痛苦，是长久或巨大的痛苦。

二、幸福原则

一个人若要求得到真正的幸福，应该遵循三项原则，即意识原则、选择原则和行动原则。

（一）意识原则

一个人对于幸福的主观意识与幸福的客观本性既可能相符，又可能不符：如果不符，那么，在其指导下，他对幸福的选择和追求便会发生错误，他便不可能求得真正的幸福；只有相符，在其指导下，他对幸福的选择和追求才可能是正确的，他才可能求得真正的幸福。举例说，客观地看，就幸福的客观本性来讲，自我实现的幸福大于当官发财富贵荣华的幸福，是人世间最高级、最美好、最有价值的幸福。但是，主观地看，对于一个目不识丁、利欲熏心的人来说，发财淫乐的幸福的价值大于一切，因而他便只可能追求和享有发财淫乐幸福而不可能追求和享有更高级、更有价值的幸福。客观地看，虽然物质幸福是低级幸福、社会幸福是中级幸福、精神幸福是高级幸福，但是，它们对于每个人的生存和发展都具有极为重要的意义，三者缺一，便非幸福的人生。一个人只有如此意识，他才可能像歌德、黑格尔、恩格斯那样，三者兼顾，求得完美幸福；反之，古今中外，多少盖世奇才，如曹雪芹、斯宾诺莎、别林斯基等，却穷困潦倒、中年早逝。究其原因，恐怕皆与他们违背幸福的客观本性有关：他们都小看了物质幸福。客观地看，过程幸福弱小而漫长，结果幸福强大而短暂，两者缺一便非幸福人生。一个人只有如此意识，才能既追求结果幸福，又珍惜过程幸福，从而享有全面幸福。否则，如果他认为只有结果幸福才是幸福，那么他便会忽视而不能享有漫长的过程幸福，他便可能以一生的漫长苦难去获得老来福的悲惨体验。

（二）选择原则

如果一个人对幸福有了与其客观本性相符的正确意识，那么，他是否就可以求得幸福呢？还不能。他要得到幸福，还必须有对幸福的正确选择，即对幸福的选择必须与自己的才、力、命、德一致。因为幸福的实现规律告诉我们：欲、才、力、命、德是实现幸福的五要素，只有一个人对幸福的欲望、选择与他的才、力、命、德相一致、相适应，他才能实现幸福。

首先是才。一个人是否应该选择成为画家的幸福，首先要看他有没有当画家的天资。如果没有当画家的天资，他就不可能成为画家，那么他当画家的选择就是错误的；反之，如果他有画家的天资，他就有可能成为画家，那么，他的当画家的选择，就才这个方面看，是正确的。

其次是命。一个人是否应该选择成为骁勇善战的大将军之幸福，要看他有没有战争的机遇。如果他生逢太平盛世，就不可能成为善战将军，那么，他做此选择就是错误的，如果他生逢乱世，群雄逐鹿，他就有可能成为善战将军，那么，他做此选择，就机遇来说，是正确的。

再次是力。一个人是否应该选择成就伟业之幸福，要看他有没有巨大的恒心和毅力，有没有持之以恒、终生为之奋斗的努力。如果有，他就有可能成就伟业，那么，他做此选择，就力这方面说，便是正确的；反之，如果不具有，他就不可能成就伟业，他就有可能大事做不来，小事又不做而终身一事无成，那么，他做此选择显然是错误的。

最后是德。一个人是否应该选择官场幸福，要看他有没有合群机敏、善于与人相处的德行。如果具有，他就可能如鱼得水，他做此选择就是正确的；如果不具有，他清高、孤僻、难与人相处，就很难为官，他做此选择就是错误的。

总而言之，一个人对幸福的选择只有与自己的才、力、命、德四项要素一致，才能求得幸福，如有一项不一致，便不可能得到幸福。因此，对幸福的选择只有与自己的才、力、命、德一致，便是追求幸福的第二条原则，即“选择原则”。

（三）行动原则

一个人有了对幸福的正确认识和正确选择，就可以得到幸福吗？还不能。他要得到幸福，还必须有正确的行动，即必须使追求幸福的努力和修养自己的德行相结合。因为幸福的实现律和德福律表明，要实现所欲求、所选择的幸福，必须有并且只需有才的配合。才和命是非行动要素，是行动不能改变的要素，只有力和德是行动要素，是行动所能改变的要素：努力本身就是行动，德行则是行动的准则。所以，实现所选择的幸福所需要的行动，也就是努力和修德。

三、幸福实现

（一）思考生命

有人曾说，生命的可贵就在于生命是有限的。从出生那一刻起，人们就在走向死亡。人最宝贵的是生命，人的一生应当这样度过：当他回首往事时不因虚度年华而懊悔，也不因碌碌无为而羞愧。在短短几十年的人生中如何实现自身的价值，这是每个人都需思考的问题。

（二）保持希望

希望是个体对于某事的渴求与坚持，并且设法去达到目标的行动过程。在漫长的岁月里，希望被认为是追求人类之善，并常与宗教信仰联系在一起。直到21世纪，希望被赋予了新的含义，从与宗教相联系的模糊概念转变成具体且积极的一种心理机制，逐渐成为积极心理学者们关注的一大议题。

希望是积极心理学的研究热点之一，它是指将来的积极体验，与乐观相似，它包含个人对自己有能力找到达到目标的有效途径的认知与信念，和个人对自己激发沿着既定目标前进的必要动机的认知及信念。通俗来讲，希望的三个构成要素分别为目标、实现目标的方法、推动实现目标的动力。

目标、路径思维和动力思维是希望的三个重要概念。目标是希望的方向和终点。为了达到目标，个体必须意识到他们有能力找到实现既定目标的有效路径，包括实际有效的路径以及对找到路径能力的感知，这个过程被称为路径思维，如“我肯定能找到解决问题的办法”这类内部语言即是路径思维的表现。希望理论中的动机激发成分就是动力思维，它反映出个体启动并沿着路径不断开拓进取的心理能量，以及对这种能量的感知与信念，具体的表现有“我能做到”“我一定要坚持下去”等内部语言。希望是目标、动力思维和路径思维的有机结合。

（三）感恩情怀

感恩作为一种积极情感已成为积极心理学重要的研究对象之一。这里讲的感恩不完全等同于日常生活或宗教领域里的感恩，积极心理学研究的感恩有特定的含义。感恩是需要付出努力来创造和保持的状态。一般来说，感恩需要有如下三个构成要素：个体认为有一些“好事”发生在自己身上；个体意识到这些“好事”的发生不全都是自己的功劳；以适当的方式表达感激。适当的感激方式表达对个体来说可能是需要考虑的问题，因为大多数情况下中国人习惯的是“大恩不言谢”“心存感激”或者以“投桃报李”的方式来表示，而不是正式地直接向对方表达感激。

感恩这种积极情感体验使个体对他人满怀善意。而现实情况似乎是感受、表达感恩的机会很少。想想你的父母、朋友、师长、教练、队友、同学等，能否创造一些机会感受、表达你对他们的感激之情，并借以获得感恩给自己带来的巨大力量和无穷动力呢？

（四）学会宽恕

宽恕是停止对某人或某事原有的仇恨，而且不再想去惩罚或报复。可将宽恕分为两种，即宽恕别人与自我宽恕。

宽恕别人可分为两个层次：一是别人得罪你，你忘记这件不开心的事，但仍有可能随时被这件事困扰；二是别人得罪你，你将原本的憎恨转化成积极的意义，达到真正的宽恕，这样会得到真正的快乐。自我宽恕也可以分为两个层次。自我宽恕的“自我”可以是作为冒犯者的自我，也可以是作为受害者的自我。在此基础上，个体对于某些创伤性事件、情景的自责，也可以从自我宽恕中获益，它更强调对消极情感的克服而不是错事。

（五）敬畏生命

对于生命现象本身的直视和探究，不仅是现代教育必不可少的一个环节，也是培养全面发展的人的需要。“对生命最大的恐惧是恐惧本身”，这是从小就患有小儿麻痹症的罗斯福，在与死亡不断抗争、追求生命价值过程中的一个体悟，揭示了自人性深处，诸如“恐惧”“逃避”“自私”“虚荣”之类的致命弱点。

生命的价值到底是什么？人生在世，说到底是为了创造幸福——首先是为自己创造幸福，再是为别人创造幸福。而为别人创造幸福，往往是自己获得最大幸福的不竭源泉。

这样就将作为个体的人和作为社会一分子的人结合起来。一个人打造生命品质，不是追求个人某方面的突破，而是人格全面发展；不是追求局部成功，而是追求生命整体的丰盈；不是只追求自我幸福，而是将这份幸福和成功，也体现在对社会的价值上。这样所弘扬的生命价值，就有了全面性。

这是一种生命的智慧，学会爱自己、爱别人、爱自然，学会被爱，生命教育在某种意义上就是学会爱与被爱的教育。这个世界上除了你自己抛弃自己，没有谁能将你抛弃。生命教育旨在不断发现和消除人性的弱点，是素质教育不可分割的一个部分。

有一首歌是这样唱的：“我想要怒放的生命，就像飞翔在辽阔天空。”当我们在人生旅途上经历过艰辛，品尝过挫折，才更能体会生命中的奋斗的意义，更能坚强地面对生活。

知识窗

珍爱生命，健康成长

春去春会来，花谢花会开。然而生命只有一次，不可以重来。生命不仅仅是自己的，同时也属于所有关心、呵护、爱着我们的人。因此我们不仅仅要为自己坚强地活着，更应该为爱我们的人努力地活着。千万不要当人去楼空的时候，再来懊悔、惋惜，那样一切的一切都来不及了。珍爱生命、健康成长是一种责任，是在对自己和爱自己的人负责。

为提高同学们"珍爱生命、健康成长"的意识，谨向同学们发出如下倡议：

首先，敬畏生命。父母赋予我们生命，是用来珍爱和热爱的，是用来爱家、爱国、爱这个世界的。一切生命都是大自然的神奇造化，是美丽且独一无二的。自己的生命很重要，别人的生命同样重要。这就是生命赋予我们的意义。

其次，树立积极的心态。我们来到这个世界上，能够圆满度过自己的一生是一件很不容易的事情。在我们的人生中，不可能永远春光明媚，重要的是一种心态。泰戈尔在一首诗中写道："天空不留下鸟的痕迹，但我已飞过。"多么坦然的一种心态！

这个世界美丽纷扰，许多事的得失成败我们不可预料，也承担不起。因而，我们只需尽力去做，求得一份付出之后的坦然和快乐，不必总是计较成败得失。

再次，从容面对生活。生命是美好的，一百年的时间更不算长。我们活着，有幸感到这世界的一切，遭遇酸甜苦辣的一生，每一样遭遇都应该好好接受，好好品味，好好珍爱。

无论是幸福的感受还是不幸的体会，都是生活赐予我们的东西，一如金子般珍贵。虽然幸福是我们所渴求的，但穿过不幸我们就能获得坚强和经验。因此，无论如何，我们都应该善待自己，善待这有限的一生，微笑着去面对这亦福亦祸的人生。

最后，笑对挫折和失败。

父母把我们带到这个世上，我们生活得体面、富有乃至飞黄腾达并不是他们的愿望，他们真正的愿望是让我们平安、健康、快乐地生活！

他们不需要我们为他们做什么，只要我们能战胜困难挫折，平安快乐地度过一生，就是他们的欣慰和骄傲！

请记住，每朵花都有其独特的色彩，每颗星都有其光芒的璀璨，每缕清风都会送来凉爽，每滴甘露都会滋润原野，每个人都可以留下不朽的诗篇！

面对挫折和失败，我们可以自信地微笑：我们年轻，一切都可以从头再来！

生命是最宝贵的，应认识生命、保护生命、敬畏生命；生命是至高无上的，应尊重生命、热爱生命、欣赏生命。

让我们共同牢记吧，父母赋予了我们生命这个美好的东西，它很珍贵，属于你，只有一次。珍爱生命，就是热爱生活！

思考题

1. 你认为大学生可以从心理危机中获得哪些自我成长？

2. 当大学生发生心理危机时，你觉得应该怎样为他（她）提供支持呢？

3. 你对你的大学生活有什么规划呢？你能够足够关注你生命中重要的东西吗？

参考文献

[1] 教育部思想政治工作司.大学生心理健康教育读本[M].北京：高等教育出版社,2007.

[2] 樊富珉,王建中.当代大学生心理健康教程[M].武汉：武汉大学出版社,2006.

[3] 桑志芹.大学生心理健康学[M].北京：科学出版社,2007.

[4] 黄希庭.心理学导论[M].北京：人民教育出版社,1991.

[5] 林崇德.发展心理学[M].杭州：浙江教育出版社,2002.

[6] 马建青.心理卫生学[M].杭州：浙江大学出版社,1990.

[7] 马建青.大学生心理卫生[M].2版.杭州：浙江大学出版社,2003.

[8] 马建青.大学生心理健康[M].北京：人民出版社,2011.

[9] 薛小明.略论高职院校职业心理课程的整合与开发[J].出国与就业(就业版),2011(8).

[10] 丁浙英.高职院校心理健康教育学科渗透的目标与途径[J].重庆电力高等专科学校学报,2013(2).

[11] 赵娟,赵莹.论述在高校开设心理学选修课的意义何在[J].品牌(下半月),2011(12).

[12] 许晓明."90后"大学生的心理学、行为学浅析[J].青年文学家,2011(12).

[13] 李坚.大学生心理健康测评系统研究[D].广州:华南师范大学,2007.

[14] 王奕威.应激中介因素与大学生心理危机的关系研究[D].上海:华东师范大学,2010.

[15] 薛长峰.大学生心理健康教育课程建设研究[D].南昌:南昌大学,2011.

[16] [美]丹尼斯·库恩.心理学导论——思想与行为的认识之路[M].11版.郑钢,等译.北京:中国轻工业出版社,2007.

[17] [美]Brain Luke Seaward.压力管理策略:健康和幸福之道[M].许燕,等译.北京:中国轻工业出版社,2008.

[18] [美]Joseph J Luciani.改变自己:心理健康自我训练[M].迟梦筠,孙燕,译.重庆:重庆大学出版社,2008.

[19] Harry C Triandis. The Self and Social Behavior in Differing Cultural Contexts [J]. Psychological Review, 1989(3).

后　记

在编写这本教材的过程中，无论对人生的理解，还是对心理健康领域的理解，我都在不断思考和提高。在落笔写书的时候，才发现工作量巨大无比，如何将理论和实践以深入浅出的方式呈现，如何选择个案以引发思考，等等，都是值得仔细推敲的。幸好几个同样努力进取的同行能够和我一起加油。之所以愿意付出努力，是因为我们基于一个共同的想法，即希望读者可以有所收获，可以和我们一起不断成长，不断提高心理健康水平，拥有真实的、积极有力的健康心态。

感谢协助我完成这本书的朋友。感谢黄晞建教授为我做了很多资料工作，书中的“序”就是出自他的手笔，我在此处致以谢意。在这里还要认真感谢我的学生和个案们，正是你们真实地表露内心的困惑和痛苦，才使得我对心理健康的理解不断加深，对于书稿的内容也有了深入的思考。

感谢出版社的编辑，她们认真、严谨的态度，以及耐心的督促，使得我和三位编者顺利完成了书稿的编写和修改工作。我向她们，向在本书的审稿、校对、印刷中付出心血与劳动的朋友表示诚挚的感激。

最后，感谢我的亲朋好友，我们一起共度人生，也一起体验点点滴滴，正是你们的关爱和体贴，使得我拥有不断面对生活的勇气和热情！感谢我的安心宝贝，正是你的到来，让我能够做一个充满着爱的力量的母亲。

瞿　珍

2018 年 3 月